回话的技术

端木自在 / 著

江西美术出版社
JIANGXI FINE ARTS PUBLISHING HOUSE

图书在版编目（CIP）数据

回话的技术 / 端木自在著 . -- 南昌：江西美术出版社，2017.5（2021.11 重印）
ISBN 978-7-5480-4035-4

Ⅰ . ①回… Ⅱ . ①端… Ⅲ . ①语言艺术—通俗读物 Ⅳ . ① H019-49

中国版本图书馆 CIP 数据核字（2017）第 033906 号

出 品 人：周建森
企　　划：北京江美长风文化传播有限公司
策　　划：北京兴盛乐书刊发行有限责任公司
责任编辑：王国栋　楚天顺　李小勇
版式设计：刘　艳
责任印制：谭　勋

回话的技术
HUIHUA DE JISHU

作　　者：端木自在

出　　版：江西美术出版社
地　　址：江西省南昌市子安路 66 号
网　　址：www.jxfinearts.com
电子信箱：jxms163@163.com
电　　话：0791-86566274　　010-82093808
邮　　编：330025
经　　销：全国新华书店
印　　刷：固安县保利达印务有限公司
版　　次：2017 年 5 月第 1 版
印　　次：2021 年 11 月第 6 次印刷
开　　本：880mm × 1280mm　1/32
印　　张：7
ISBN　978-7-5480-4035-4
定　　价：26.80 元

前　言

Preface

如果有人突然向你提出一个意想不到的问题，你会怎么回答？是猝不及防，仓促应对？还是能言善辩，对答如流？

说话重要，回话更重要。不会说话，就不能准确地表达自己的思想，影响沟通的效果，而不会回话，沟通就会中断，无法继续进行下去。面对别人的提问，不少人回答起来要么不着边际，答非所问；要么支支吾吾，前言不搭后语；要么啰啰唆唆，回答起来没完没了；要么直言快语，疾言厉色，让人下不了台；要么不懂变通，授人以柄，受制于人，丧失沟通主动权。

可以说，会不会回话，善不善于回话，不仅决定了沟通的质量，更决定了人生的成败。

回话不是万能的，但不会回话是万万不能的。一个会回话的人和一个不会回话的人相比，其人生有着天壤之别。

请看一例：

面试官："说一下你为什么想进本公司。"

应聘者A："因为贵公司在业界拥有领先的市场占有率，福利待遇优厚，而且MBA还可以享有公司出资的留学待遇，公司的这些条件都非常有魅力。"

应聘者B："我想将贵公司的益智玩具推广到全国，使全国儿童的智力水平得到开发。"

如果要在这两位应聘者中选出一位，面试官无疑会选B。因为面试官问的是"你的志向"，而不是"你的要求"。

回话，对于我们的人生实在是太重要了。善于回话，让你受人欢迎，赢得机会。不善回话，遭人拒绝，错失机会。回话，是一门学问，更是一门技术。回话，不仅体现了一个人的口语表达能力，也展现了一个人灵活应变的论辩智慧和反驳技巧。

回话，是每个人都应专门学习的学问，是行走社会赢得成功的必备技能。回话，交流、说服、汇报、请示、指导、演讲、谈判、辩论，时时用得着。回话，交际、求职、晋升、恋爱、管理、推销、经商、应酬，处处都需要。回话是促进沟通的利器，是解决问题的手段，是生涯发展的阶梯。

面对别人的问话，如何回答一语中的？面对上司的询问，如何回答才表现自己的能力？面对下属的提问，如何回答下属才会听？面对不想做的事，如何婉拒不伤人？面对朋友的误解，如何解释不委屈？面对恋人的问题，如何回答巧传心意？面对对手的追问，如何回答操控话语权？面对无理的指责，如何回击更理性……

本书层层剥笋，条分缕析，以精练生动的语言，配合丰富典型的案例，详尽讲解了人生各种场合的回话方式和回答技巧，诸如如何抛出关键词，开口回答就能说中要害；如何听出对方的话外音投其所好地回答；如何察言观色随时调整回话；如何以问代答占据主动；如何依对方的性格选择回话方式，等等。通过本书，读者可能在短时间内学会各种回答技巧，极大地提升自己的回话能力，达到既要回答对、更要回答好、回答制胜的境地，从而游刃有余地应对种种重要、疑难、复杂的工作和生活问题，成为沟通的达人，交际的红人，事业的强者，生活的乐者。

好了，让我们开始一场妙趣横生、别开生面的回答之旅吧。看着答，听着答，用嘴答，用心答，有声答，沉默答，正面答，侧面答，含混答，聪明答，对答如流，你跟谁都能聊不停！

目 录

Contents

CHAPTER 1

回话有技巧，人人都挺你

人际交谈是一个双向沟通的过程，有问话，就有回话。交谈中，对方会时不时向你抛来一个难题，需要你解答，能不能接过对方的话头，天衣无缝地给出回答，直接决定了沟通的效果，也决定着你能否掌控沟通的话语权。

解数学题需要借助公式，其实回话也不例外。遵循说话的入门准则，把握回话的中心要领，开口回话就能说到点子上。

◎ 回话前在心中打好腹稿

如果在与人交谈时，必须在极其短的时间内回答别人的问题，说出自己心中的想法以及对别人的要求，那么你千万不能急急忙忙、慌慌张张地回答，那样往往会使你的回话语无伦次、答非所问，不是闹出笑话，就是陷入窘境，使沟通受阻。

因此，在回话之前，应当就别人的话题快速地在大脑进行一番过滤、思考，并在心中打好回答的腹稿，想明白怎么向别人回话，回答哪些内容，怎样回答对方才能够理解和接受。

1. 信心十足地说出要点

所谓的“要点”，就是你与对方交谈所要实现的最终目的。为了使对方依赖你，对于完成你的要求或实现某一目标充满信心，所以你一定要信心十足地说出来。对于对方的行动要求，必须以乐观而坚定的语调，直率地强调出来。为了获得较好的交谈效果，在回话时，你一定不能畏缩而要信心十足。对于你真挚的陈述，对方听了一定会感动，并做出相应的回答。

2. 具体而准确地叙述要点

当你要求对方做一些什么事情时，必须进行准确精当、简明扼要的叙述，因为对方只会做他们明白理解的事情。他们既然要依照你的话采取行动，那么你就得准确而精练地把自己的意思表达出来。

3. 使对方明白采取行动

不管你回答的是哪一种问题，你的目的就是要把问题的要点以及期望对方采取什么样的行动，直截了当地表达出来，以便让对方容易理解，这样才能够让对方顺利展开行动。为了达到这个目的，最妥善的方法就是把关键部分具体地说出来。

如果在说话时，你能够具体地为对方提示事情的关键和问题的要点，那么你就要比其他人更容易和别人交谈，也更容易使对方感动。“请把发给客户的商业信函尽快寄出去”比起漠然地对下属说“去把发给客户的商业信函打印出来”更有效果。

到底以肯定的方式叙述要点好，还是以否定的方式叙述要点比较妥当？这一点是无关紧要的，只要你能把你的观点叙述清楚、表达准确即可。但必须站在对方的立场上做出这一决定。

◎ 回话要明白晓畅

有的人说话喜欢故弄玄虚，附庸风雅，用词华丽，追求深奥，以为这样才显得自己有学问，有派头。其实，这样不但使自己的话语让人难以理解，而且还增添了沟通的难度，很令人讨厌，应引以为戒。

人际交往中，与人交谈，回答别人的问话，一定要做到口齿清晰，语义清楚，明白晓畅，通俗易懂。

我们讲究回话的清晰、通俗性，是指说出的每一句回话不但要生动、巧妙，而且还要明白、易懂，使人乐于接受，语言表达要大众化。它包括两个方面的意思：一是用语通俗，一听就懂；二是意义通俗，深入浅出。违背这两点，你的回话不仅会让人觉得不知所云，甚至还会造成各种误解。

不少人在交际会话过程中，会犯一些这样的错误，或是喜欢说一些难懂的话，用一些偏僻、文绉绉的字眼，显得自己多有学问似的；或是出口成“脏”，并已成为习惯，不但不以为耻还自鸣得意；或是使用一些对方听不懂的文化和历史典故，还误认为对方会觉得自己说话高雅、很有修养。

例如，与一个文化层次不高的人交谈，当对方谈到天气情况时，你回答说：“雨后万物更新，令人心旷神怡。”尽管本人挖空心思，咬文嚼字，但对方却不知“心旷神怡”怎么解释，还是“雨过天晴，空气清爽，真痛快啊！”较好，既亲切又易懂。

如果对方个性很强，对一些难懂的话他又能立刻明白的话，那么他可能会感兴趣，觉得“这小子可真行”。

如果对方不明白你说的是什么意思，他一定会反感地说：

“你到底在说什么？乱七八糟的！”

有人尤其是一些大公司的推销员，喜欢在会话中用一些不常用的外来语（主要是英语），虽说言语丰富是一个优点，但是，如果对方听不懂，就会感到不知所措和难为情。因此，回话中有习惯用外来语怪癖的人必须适可而止。有一些不正常的话，估计对方可能听不懂但又不能不说时，该怎么办呢？那就尽量不要伤害对方的自尊心，用较温和的方式表达。

在与别人谈话的过程中，除非是难懂的专有名词，一般来说应尽可能使用忠实本意且通俗易懂的语言，只有这样，你的每一句回话才能使对方感到亲切，才能让对方接受。

◎ 回话要简短有力

前苏联文学家高尔基说，如果一个人说起话来长篇大论，这就说明他也不甚明了自己说些什么。我国有句俗语叫，“蛤蟆从晚叫到天亮，不会引人注意；公鸡只啼一声，人们就起身干活”。的确，会说话的人，不一定是说话最多的人，话贵在精，多说无益。

因此，回话简短有力，不拐弯抹角，旁生枝节，必须抓住精髓，才能一语中的。

日本一家大汽车公司的经理，想订购大批用于车厢内坐垫的绒布。有三家商店，送来了货样，想承揽这笔大生意。经理看过这三家商店的样品，便约定一个日期，请这三家商店派人去商谈。

因为这是一笔大生意，所以这三家商店，当然各自选取口才好的职员前去。甲、乙两店派去的人，都是长于言谈的人，丙店所派的人，口才也很伶俐，然而这一天他竟不幸得了喉病。

他要是因病请假，那么眼看一笔巨大的生意因自己而失去，未免有些对不起店主；如果前去应命，那么，他患着喉病，又不能开口说话。犹豫半天，他还是去了。到达后，他看到甲、乙两店所派的职员，口若悬河似的说着话，把他们自己的商品，形容得天上少有地下绝无。他没有办法，只好用纸写道："我今天有着喉病，我不能说话，就不说了，反正货您已看过了，我说多了也无用处。"可没想到那家汽车公司的经理竟说："那不要紧，我来代你说吧。"

真想不到，这位经理竟帮他把自己店的货物分析得一清二楚。于是，丙店最后自然而然地接下了这笔巨大的生意。

上面这个例子，虽然有些偶然，但也并不是全无道理。在交谈场合，有的人滔滔不绝，用语言的触角抓住了每一位听众，自然令人钦佩；有的人把自己的意思浓缩成几句话，犹如一粒粒沉甸甸的石子，在听众平静的心湖里激起层层波浪，同样值得称道。换个角度说，如果简短的回话更有力，或同样有力，又何必长篇大论呢？

回话越简明越好。有些人在回答别人的问题时说了很多话，但还是无法把他的意思表达出来，以致听者花了很多时间和精力，仍然不知道他想说明什么。如果你有这种毛病，一定要自己矫正。矫正的最好办法是，在回话之前，先在脑子里做一个初步的计划，然后再把计划要说的东西讲出来。

我们常讲“言为心声”，“真心”自然不需要过多“表白”。如果你在回话时能措辞简洁、生动而又贴切，那么就可能成为一位交际明星、沟通高手。

◎ 回话要真诚恳切

谚语说：“真诚贵于珠宝，信实乃人民之珍。”回话真诚的人，能得到别人的信任。

说话的魅力并不在于你说得多么流畅，滔滔不绝，而在于你是否善于表达真诚。最能让人信服和尊重的人，并不一定是口若悬河的人，而是回话和表达真诚的人。当你用得体的话语表达出真诚时，你就赢得了对方的信任，建立起人际之间的信赖关系，对方也就可能由信赖你这个人，而喜欢你说的话，进而听从你的说服。

我们对别人说的每一句回话，都应当能够使对方心悦诚服。回话不是敲击铜铃，而是敲击人们的“心铃”。“心铃”是最精密的乐器。因此，聪明的回话者总是用真挚的情感、竭诚的态度击响人们的“心铃”，振奋之、感化之、慰藉之、激励之，用自己的心去弹拨他人之心，用自己的灵魂去感染他人之灵魂，使听者闻其言，知其意，见其心。

北宋词人晏殊素以说话真诚著称。他14岁时参加殿试，真宗出了一道题让他做。晏殊看过试题后回答说：“我10天以前做过这个题目，草稿还在，请陛下另外出个题目吧。”真宗见晏殊这样真诚，感到他可信，便赐他“同进士出身”。晏殊在史馆任职期间，每逢假日，京城的大小官员常到外面吃喝玩乐。晏殊因为家贫，没有钱出去，只好在家里和兄弟们读书写文章。

有一天，真宗点名要晏殊担任辅佐太子的东宫官，许多大臣不解。真宗对此解释说：“近来群臣经常游玩饮宴，只有晏殊和他的兄弟们闭门读书，如此自重谨慎，正是东宫合适的人选。”晏殊向真宗谢恩后说：“我也是个喜欢游玩饮宴的人，只是家里穷而已，如果我有钱，也早就参与宴游了。”真宗听了，越发赞叹他的真诚，对他更加信任。

不论是日常交往和沟通，还是演讲、推销等场合，如果你的回话缺少诚意，那就失去了吸引力，即使你的话语华丽漂亮，也如同一束没有生命力的绢花，很美丽但毫不鲜活动人，缺少魅力。因此，把你的真诚注入你的日常交流和回话之中，把自己的心意传递给对方，当听者感受到你的诚意时，他才会打开心门，接收你讲的内容，彼此之间才能实现沟通和共鸣。

◎ 回话要首尾一贯

首尾统一，前后完整，这是对回话逻辑的一大基本要求。只有首尾统一，前后完整，回答才严谨完整，才有不容置疑的说服力。

古希腊著名的寓言家伊索，年轻时曾经给贵族当过奴隶。有一次，他的主人设宴请客，客人都是当时希腊的哲学家。主人命令伊索备办酒席，要做最好的菜招待客人。伊索专门收集各种动物的舌头，准备了一席“舌头宴”。

开席时，主人大吃一惊，问：“这是怎么回事？”

伊索不慌不忙地回答道：

“您吩咐我为这些尊贵的客人备办最好的菜肴，而舌头是引领各种学问的关键，对于这些哲学家来说，‘舌头宴’难道不是最好的菜肴吗？”

客人们都被伊索说得频频点头，哈哈大笑起来。

主人又向伊索吩咐道：“那我明天要再办一次宴席，菜要最坏的。”

可到第二天开席时，上的菜依然全是舌头。主人一见此状，便大发雷霆。伊索镇定地回答道：

“难道一切坏事不是从口而出的吗？舌头既是最好的，也是最坏的东西啊！”

主人被伊索弄得无言以对。

从一个方面去考察，舌头的确是最好的；而从另一方面去考察，它又是最坏的，舌头正是“好”与“坏”的统一体。伊索正是把握了“舌头”这一事物的矛盾属性进行辩论，从而征服了对手，同时留给了人们以深刻的理性思考。

在回话中，回话者需要有严谨的逻辑思维，回答的话要保持同一、首尾一贯，不能前后抵触，相互矛盾，以免授人以柄，给自己带来被动。

我们要想正确、恰当、严谨地回答别人的问题，展开说服，赢得辩论，就必须使自己的回话保持思想的确定性、首尾一贯性，这是对说话者最基本的要求。

◎ 善用比喻，生动回话

比喻，是一种常用的修辞格式，是语言形象化的手段，由于它取喻明理，以此喻彼，把精辟的论述与摹形拟象的描绘糅合在一起，既给人以哲理上的启示，又给人以艺术上的美感，因此，比喻能使自己的话语和表达充满风趣，生动形象。

有个人对梁王说：“惠子说话总爱打比方，大王若不许他打比方，他就不会说话了。”梁王说：“是这样。”

第二天，惠子参见梁王，梁王对他说："我希望你直言说话，不要打比方。"

惠子说："如果有人问，'弹'是什么样的东西，得到的回答是，'弹'的形状就像弹。您说这样的回答明白吗？"

梁王答："不明白。"

惠子说："如果有人这样回答，'弹'的形状像一张弓，而且是以竹子做弦，这样您明白吗？"

梁王说："明白了。"

惠子说："这就是用人们所知道的，说明人们不知道的，为的是让人们听明白。您现在不让人用打比方的方法说明道理，这怎么行呢？"

梁王答："你说的有道理。"

上述故事，生动地说明了"打比方"在回话和表达中的作用。"喻比术"，就是运用打比方的方法来说明道理，折服对方的一种论辩方法。它类似联想，用具体的、浅显的、熟知的事物和道理来说明深奥的、生疏的事物和道理。

在回话中经常设譬，以小喻大，以浅喻深，逻辑性很强，有极强的说服力。

德国女数学家爱米·诺德获得博士学位后，还不能立即开课，因为她还没有得到讲师资格。但她的学识和才华受到了从事广义相对论研究的希尔伯教授的赏识。在一次会议上，爱米·诺德能否成为讲师的问题引发了一场争论。一位教授激动地说：

“怎么能让女人当讲师呢？如果她做了讲师，以后就要成为教授，甚至进入大学评议会。难道能允许一个女人进入大学最高学术机构吗？”希尔伯特教授反驳道：“先生们，候选人的性别绝不应该成为反对她当讲师的理由，我请先生们注意：大学评议会，毕竟不是澡堂！”这一句话，驳得对方哑口无言。

使用比喻回话术，可以从正面设喻，说本体是什么、像什么；也可以从反面设喻，指出本体不是什么、不像什么。

加里宁是俄国布尔什维克一位杰出的宣传鼓动家。一次，他向某地农民代表讲解工农联盟的重要性。尽管他做了详尽严谨的论证，听众还是不得要领。这时，有人问加里宁：“什么对苏维埃政权来说更珍贵，是工人还是农民？”加里宁乘机反问：“那么对一个人来说，什么更珍贵，是右脚还是左脚？”全场静默片刻，突然爆发出雷鸣般的掌声——农民代表们都笑了。

比喻能化深奥为浅显，化抽象为具体，化生僻为通俗，又能启发人们丰富的联想。在回话和表达中，如果能运用贴切的比喻，则能化难为易，易为听众所明白。成功地运用比喻方法，不仅可以给人以神奇的想象，而且使自己的回答语言具有所向披靡的说服力。

◎ 排比组句，震撼回话

排比是由三个或三个以上的结构相同或相似，语气一致的语句成串地表达相关或相连的内容的一种句式。使用这种方法，可以使自己的回话内容严谨整饬，气势流畅贯通，感情深厚饱满。

鲁迅先生在《“友邦惊诧”论》中严厉批驳国民党政府的“友邦人士”时，这样写道：

日本帝国主义的兵队强占了辽吉，炮轰机关，他们不惊诧；阻断铁路，追炸客车，捕禁官吏，枪毙人民，他们不惊诧。中国国民党统治下的连年内战，空前水灾，卖儿救穷，砍头示众，秘密杀戮，电刑逼供，他们也不惊诧。在学生的请愿中有一点纷扰，他们就惊诧了！

好个国民党政府的“友邦人士”，是些什么东西！

鲁迅先生连续用三个句式相似的“不惊诧”，淋漓尽致地揭露了国民党“友邦人士”的丑恶嘴脸，义正词严地驳斥了国民党政府的恶意诽谤。这种逼人的气势与严密有力的说理，是与恰当运用排比句分不开的。

运用排比可收到言语规整、语气协调、感情贯通、表达流畅的修辞效果。在演讲、开会、论辩等场合，恰当地使用排比，有利于形成一种势如破竹、排山倒海的气势。

抗战初期，在举国上下强烈要求蒋介石停止内战、进行抗日的形势下，陈毅同志代表共产党在赣州同国民党46师政治部主任谈判。谈判中，这个政治部主任狂妄叫嚣：“无所谓国共合作，这种说法英美不习惯。”对此，陈毅同志怒不可遏，声色俱厉地回应：

“你究竟代表谁？代表英美吗？你若是代表英美，你就没有资格同我谈判！我们的队伍要下山，你挡不住！进赣州，你挡不住！中国有共产党，英美也挡不住！形势变了，你们的脑袋也得变！”

陈毅同志这里连用三个“挡不住”，排比构句，气势磅礴，锐不可当，所向披靡，展示了非凡的雄辩才能。

语言技巧直接影响着内容的表达，体现着说话者对回话内容的表达能力，所以具备并不断提高语言技巧，是确保回话有反驳力和说服力必不可少的重要条件。运用排比，可以全方位地表达各种感情，喜悦、痛苦、亲切、庄重都可在其中产生，使回话效果展示得也更为突出。

◎ 正反比照，鲜明回话

将正反两方面的事实加以对照、比较，从而推出正确的结论，就是正反比照的表达技巧。在回话过程中，运用对比，能凸现事物的特征和本质，产生强烈的反差效果，制造鲜明的形象。

春秋时期，齐国大大宁戚去宋国见宋桓公。深深行礼后，宋桓公却不动声色，置若罔闻，非常傲慢。宁戚见此情景，抬起头来，长长地吸了口气，说：“宋国真危险啊！”

宋桓公说：“你这话什么意思？”

宁戚问："你和周公相比，谁更贤明？"

"周公是圣人，我怎敢和圣人相比！"宋桓公答道。

宁戚接着说："在周最强盛的时候，听说有人来见他，即使正在嚼着饭，也急忙把饭吐出来，先会见客人。即使这样，他还怕失礼。可是，你是怎么做的呢？宋国这样衰落，国内接连发生杀死国君的事情。您的王位并不可靠，就算您像周公那样礼贤下士，有本事的人恐怕也不愿意到您这儿来，何况您这样傲慢呢！宋国的处境还不危险吗？"

宋桓公赶忙致歉，说："我没有治国经验，先生请不要介意。"

宁戚将宋的衰落与周的强盛，宋桓公的傲慢与周公的谦逊放在一起，形成一种鲜明的对比，使对方受到强烈的震憾。

运用对比，能使事物的特征和本质显露出来，能使自己的回话给人留下极为深刻的印象，有着很强的说服力。特别是在论辩中，正反比照法发挥着神奇的作用，它好比一枚重型炸弹，能发挥巨大的杀伤功用。

在"十城市青少年演讲邀请赛"的论辩赛段中，西安队与贵阳队就"母亲应不应该拆女儿的信"为题展开了辩论。反方贵阳队说：

"我们觉得母亲私拆女儿的信，还涉及尊重个人隐私的问题。咱们中国封建社会有一句名言，叫作'君君臣臣父父子子'，这里强调的除君臣之外，就是子女对父母的尊敬，而没有提出父母对子女的尊重。事实上，作为女儿，她首先是作为一个人存在于社会和家庭之中，她应该有自己独立的人格。如果母亲认识不到这一点，只是一味地强调这是‘爱’，那么这种‘爱’与母亲对家里的金鱼、小猫、小狗的‘爱’，又有什么区别呢？”

这位辩手运用正反比照的技巧，先强调反面事例，然后再加强正面说理，自然而然地推出一个结论：母亲要尊重女儿的人格，不能私拆女儿的信。

运用正反比照，可以比较同类事物，也可以比较异类事物；可以比较同一对象的不同方面，也可以比较不同对象的同一方面；可以是纵向的比较、横向的比较、现状的比较、历史的比较，也可兼而有之。但不管哪种比较，都应特别注意比较事物能够产生强烈的反差，形象鲜明，这样才能收到良好的效果。

◎ 一语双关，含蓄回话

双关是在一定的语言环境中，利用词语的多义性或谐音，有意使语句具有双重意义，表面上说的是这个意思，实际上是另一种意思。双关是日常交谈和回话中的一种重要表达技巧。

西莫多·冯卡门是现代著名的航空大师，在他八旬高龄时，美国政府授予他美国第一枚“国家科学勋章”。

当授勋仪式结束后，冯卡门走下台阶时，他因患严重的关节炎，显得步履艰难，美国总统急忙上去搀扶他。冯卡门在向他示意感激之后，轻轻地推开总统的手，说："总统先生，下坡而行者，毋需搀扶，唯独举足攀登者，方求一臂之力。"

冯卡门在这里借用语境，巧设双关，表面上是说下坡、上坡之事，实则暗指希望总统平时多多关注在困难的条件下向科学高峰辛勤攀登的科研工作者，含意深刻，表达得体。

作为一种回话和表达技巧，双关法由"字面直言意义体"和"深层含义意义体"构成。前者主要是借助语义或语音的联系而产生，后者则要借助句子、环境，甚至全篇论述才能产生双关效果。后者的含义一般是隐含在前者之中，正是这种含而不露、饶有兴趣的表达，能给人以意外之感。

从前，有位县官带着随员骑马到王庄去处理公务。走到一个岔路口，不知如何走，正巧遇见一农夫，县官大声问道："喂，老头，到王庄怎么走？"那农夫不睬不理，只是赶路。县官大声要他停下。农夫回说："我没时间，我要去刘庄看一件古怪的事。"县官问："什么古怪的事？"农夫有板有眼地说："刘庄有匹马下了一头牛。""真的？马怎么会下牛呢？应该下马才对啊！"县官感到莫名其妙。农夫煞有介事地回答："世上的怪事多着哩，我怎么知道那畜生为什么不下马呢？"

面对无礼的县官，直言相劝相骂当然于事无补，农夫机智地运用语义双关的手法给予回答和讽刺，借字面的"畜生"，斥责连做人常礼都不懂的县官，手法高明得很。

我国唐朝段成式著的《酉阳杂俎》中有这样一段故事：唐明皇封禅泰山，张说被任命为封禅主管官，主管封禅后各级官员的晋升。按照惯例，封禅后官员都要晋升一级。但九品官郑镒因为是主管官张说的女婿，一下子晋升到五品。在一次盛大宴会上，唐明皇见到穿着五品红袍的郑镒感到奇怪，问他怎么晋升得这么快。郑镒很窘，一时答不上话来。当时玄宗身边有个被称为"滑稽之雄"的优伶，他便一语双关地说："此乃泰山之力也。"

这里的泰山有双重语义：第一，泰山为我国五岳之首，是明皇封禅的对象，意即郑镒晋升，因为封禅泰山而得益；第二，泰山也是岳父之称，意即郑镒连升四级，得力于岳父张说。这位优伶的双关语，既关涉两方面的意思，又揭露和讽刺了主管官张说任人唯亲，突出了晋升的败行。

在回话中，运用语言文字上的同音或同义关系，使字词或句式同时涉及两件事，表面上言此，实际上说彼，这是使用频率很高的双关法。双关能使自己的回话和表达生动活泼，委婉含蓄，耐人咀嚼，余味无穷。

◎ "无效回答"，有效回答

《韩诗外传》中记载了子贡与齐景公这样一段对话。

齐景公问子贡："你的老师是谁？"

子贡回答：“鲁国的仲尼。”

齐景公又问：“仲尼是贤人吗？”

子贡回答：“是圣人啊！岂止是贤人呢？”

齐景公追问：“他是什么样的圣人呢？”

子贡回答：“不知道。”

齐景公怒气冲冲地问：“开始你说仲尼是圣人，现在又说不知道，这是为什么？”

子贡回答：“我终身戴天，并不知道天有多高；我终身践地，并不知道地有多厚；我求学于仲尼，就如同拿着勺子到江海中饮水，满腹而去，又哪里知道江海有多深呢？”

齐景公无法再问了。

子贡应该知道孔子是什么样的圣人，却因随口应对“不知道”而遭来责难。面对责问，子贡不愧为孔子的高徒，他用戴天不知天之高、践地不知地之厚、饮于江海而不知江海之深来类比就学于孔子而不知孔子是什么样的圣人，不仅做出了圆满的回答和解释，而且赞美了孔子的伟大。

在日常生活中，我们常会遇到一些难以回答、不便回答或不愿意回答的问题。这时，你心中如果真的没有答案，或根本不想回答，那么最常用的巧妙答法就是使用无效回答。无效回答其实就是用一些没有实际意义的话去做些实质性的回答，而别人又不能说没答。例如：

一男士问一女士：“喂，小李，听说你病了，什么病？”

小李："不是什么大病。"

"那到底是什么病？"

"一点小病。"

显而易见，这位男士可能是真的关心这位女士，但却有些失礼，因为两性间毕竟是有区别的。在这种情况下，小李机警地做了无效回答，非常得体。

无效回答的方法和策略多种多样，常见的有以下几种：

一是含混回答，如上所述。

二是答非所问。

我国一位涉外工作者到澳大利亚工作时，一澳大利亚人问他："你爱澳大利亚吗？"这位工作人员觉得答"爱"与"不爱"都不合适，于是答道："澳大利亚的袋鼠挺可爱。"这类答复一般用于那些不便于具体肯定或否定的问题。

三是歪答。

有些荒唐和强人所难的问题，不必硬着头皮去找正确答案，干脆将"错"就"错"，或者偷换概念，这样倒会取得好的效果。

四是直接回避。

直接说出对方不得不承认的避答理由，使双方均不难堪。一次，一位记者在中央美术馆和大家谈"女模特儿具有艺术献身精神"的话题时，问其中的一位女画家："假如让你当人体模特儿，你愿意吗？"公开说"愿意"吧，对一个青年女性非易事；

说“不愿意”吧，又是自己打自己的嘴巴。于是，这个聪明的女画家说：“这是我的私事，不在采访之列吧？”解脱了窘境，且自然而有道理。

五是诱导对方自我否定。

一次，美国前总统罗斯福的一位朋友问他在加勒比海小岛上建立潜艇基地的计划。罗斯福小声问他的朋友：“你能保密吗？”朋友脱口而出：“能。”罗斯福接过来道：“我也能。”显然，罗斯福巧妙地设计了圈套，诱导对方说出自己不想回答的原因，而表面上又是在回答。

无效回答看起来多带消极色彩，实际上它处于积极的守势，守中有攻，柔中有刚。另外，运用无效回答，需要机智，但留心学习，也不难掌握。

◎ 大受欢迎的经典回答式

有些人说话虽然在内容上不占优势，但他的回话方式却会给人一种非常迷人、令人舒服的感觉。毕竟说话者有其本性，每一次对话会因为回话技巧的不同而有各种不同的回响、反应。那么，有什么技巧使对方愿意听我们说话并把他一步步引入对话的绝佳境地呢？

1. 风格明快

生活中大多数人不喜欢晦暗的事物，即使草木也需要阳光才能生长。同样，给人阴沉感的回话，会让人有疑虑感、厌恶感及压迫感。反之，回话简洁明快，则容易让人接受。

2. 声音独特

有的人回话的声音给人一种享受，因为他的嗓音实在是很动人。他们谈话时，非常注意说话的声音，而选择说话的声音，完全依靠他们的天赋、个性及所要表达的情感而变化。有条件的话，你可自我充当对象，把自己的话录下来再仔细地听，你可能会吃惊地发现，自己说话竟有那么多毛病。这样经常检查，发音的技巧就会不断提高。

3. 语气肯定

每个人都有自尊心，很容易因为某些微不足道的事就感到自尊心受损。如此一来，你要是在谈话中稍不注意回话的方式方法，他会立即反射性地表现出拒绝的态度。所以，要对方听你说话，首先得先倾听对方要表达些什么。所谓“说话语气肯定”并不是指肯定对方说话的内容，而是指留心对方容易受伤害的感受。

4. 语调自然

自然的声音总是悦耳的，在交谈中我们应该注意，交谈不是演话剧，无论你用什么样的语调回话，都应自然流畅，故意做作的声音只能事与愿违。当你交谈的对象不是一个人，而是许多人时，应采用以下的技巧：当前一个人声音很大时，你开始说话时就可以压低声音，做到低、小、稳；当前一个人音量较小时，你的开始句就要略提高嗓门，清脆响亮，以引起大家的注意。

5. 思路清晰

当之前的谈话争论不休，而且没有头绪时，你站出来讲话，就要力求语句简短，声音果断，有条理。回答别人时，你要想清楚自己要讲什么，怎么讲，讲到什么程度。再者最好不要夹在中间，要么赶在前面，要么最后再讲，这样才能使人印象深刻。

CHAPTER 2

听懂对方弦外之音再回话

别人一开口问话，你就急急忙忙抢着回话，结果常常是答非所问，不是“牛头不对马嘴”，就是语无伦次不知所云，让人丈二金刚摸不着头脑。轻则弄出笑话，贻笑大方，重则扫人颜面，双方不欢而散。

磨刀不误砍柴功，回话之前，先花片刻时间倾听对方讲话，待听清对方说话的内容，再琢磨怎么去回话。听出对方弦外之音，捕捉对方言外之意，你的回话一回一个准。

◎ 先洗耳恭听，再恭敬回答

会回话的人都是会听话的人。不想哇啦哇啦地说个不停、回个没完，懂得静静倾听的人很可能是最会回话的人。

在和对方的谈话、交流过程中，会听是很重要的一环。这是博得对方好感、获取对方内心真实信息的一个秘诀。遗憾的是，不少人把对方讲的话都当成耳边风，而且总是迫不及待地在交谈中问问题或打断对方的话，或申述自己的观点。这些都是不适当的。你应该给对方说话的机会，并不时兴趣盎然地回问："后来呢？"以催促对方继续往下说，要用好像听得出了神的样子去倾听对方的谈话。

对于喜欢说话的一个人，你只要洗耳恭听，他就会笑容满面，高兴得不得了。在这种情况下，当对方关住话匣子时，紧接着很可能会说："就这么决定了！"

就一般的交谈内容而言，并非总是包含许多有用的信息。有时，一些普通的话题对你来说可能没有什么实际意义，但对方的谈兴却很浓。这时，出于对对方的尊重，你应该保持足够的耐心，听对方说下去，切记不要流露出厌烦的神色。

专家统计结果显示，一个人的说话速度大致在每分钟120~180字之间，而人的大脑思维的反应速度却要快得多。所以，现实中往往会遇到这种情况，很可能对方还没有将话说完，或者对方只是说出了其中几句话，你就想打断对方的话，以至于对对方接下来的言语“充耳不闻”。

而当对方突然问你一些问题或请教你的见解时，如果你一愣神，或者答非所问，对方就会感到十分难堪和不快，觉得自己是在“对牛弹琴”，就会对接下来双方的沟通产生不利的影响。

因此，听对方谈话应做到像自己回话那样，始终保持饱满的热情与良好的精神状态，并时刻专心致志地注视着对方的表情，倾听对方的谈话。当然，如果你确实觉得对方讲得淡而无味、浪费时间的话，可以巧妙地提一些你感兴趣的问题，以此转移对方的谈兴。但是，要注意绝不能随意打断对方的话，应当让他心平气和地讲完，即使他的意见不是新的或不符合实际情况，也要听下去。

◎ 听得越多，越容易回答

回话过程中，交流固然十分重要，但有时候，做一个聆听者能够给你带来意外的收获，更有助于你做好回答。

聆听越多，你就越能了解对方的心思，越容易接近对方，就会被更多的人喜爱，就会成为更好的谈话伙伴。一个好听众总能比一个善讲者赢得更多的好感，也更能够将每一句回话说得准确到位。

当然，成为一名好的听众，并非一件容易的事，这里有几点建议可供你参考。

首先，要注视说话者。对方如果值得你聆听，便应值得你注视。

然后，靠近说话者，专心致志地听，让人感觉到你不愿漏掉任何一个字。

接着，你要学会提问，使说话者知道你在认真地听。可以说，提问题是一种较高形式的奉承。

我们或许都经历过这样的场面：上大学的时候，如果教授在上面做完演讲，听众没有一个问题，场面是何等的尴尬。还要记住不可打断说话者的话题。无论你多么渴望一个新的话题，也不要打断说话者的话题，直到他自己结束为止。

最后，还要做到“忘我”。你始终要明白，你是个“倾听者”，不要使用诸如“我”“我的”等等字眼。你这么说了，就意味着你不得不放弃聆听的机会，注意力已经从说话者那里转移到了你这里，至少，你要开始“交谈”，准备回话了。

在一项关于友情的调查中，调查的结果让调查者都感到十分意外。调查结果显示，拥有最多朋友的是那些善于倾听的听众，而不是能言善辩、引人注目的演说家。其实，这也没有什么不可思议的。我们每个人其实都渴望表达自己。聪明的聆听者能够让说话者有充分的表达机会，自然就更容易获得别人的好感。而聆听者也能在聆听过程中，透过对方的说话内容了解对方的性格，看清对方的心思，从而找到恰当的话题来回答对方。

◎ 有效倾听，有效回答

回话的技巧是一个人社交中必备的技能。回话的技巧不仅包括说，也包括听，其中听有时比说更重要。一个善于倾听的人，才是一名合格的沟通者。

倾听是一项值得开发的技巧，善于倾听的人，在社交场合与事业上都会占有优势。

据有关专家调查，在20种销售经理人的特质与能力中，排在前两位的是：倾听和沟通能力。在工作时间内，销售将其70%~80%的时间用于做沟通工作，而其中的主要活动就是倾听。因此，倾听是一名成功的销售员应该具备的最重要的素质。然而，很多销售员很少致力于学习发展这种技巧，不知不觉就忽略了这一重要的交流功能。

平均而言，作为听者，人们只有35%的效率。有效倾听的缺乏往往导致错失良机、产生误解、冲突和拙劣的决策，或者因问题没有及时发现而导致危机。

有效的倾听技巧与单纯的专心倾听是不同的。反馈或释义能够使自己和交谈者之间沟通的意思更加准确和清楚。

当我们有效地倾听时，就在对听到的东西进行消化、综合、分析，并理解其中的真实意思，以及哪些东西没有说到。良好的倾听，意味着对说话人所说的内容获得了完整、准确的理解。倾听的目的，不仅在于知道真相，而且在于听者能够自己理解所有事实，并且评估事实之间的相互联系，进而努力寻找信息所传达的真正含义，这样的倾听才是富有意义的。

有效倾听的一大关键就是设定倾听的目标，有目的有目标地倾听，不但可以为自己明确倾听方向，而且也有利于自己专心倾听。有目的的倾听，有助于你快速而完全地从对方那漫无边际、毫无章法的谈话中跳出来，抓住对方谈话的重点，据此做出有针对性的回答，最终达到沟通的目的。

有效的倾听是可以通过学习而获得的，认识自己的倾听行为将有助于你成为一名高效率的沟通者和回话者。

◎ 要给别人留有回话的机会

社交中的交谈回话，同站在教室中教课或是站在演讲台上演说有很大不同，教课和演说，只有你一个人在说话，别人不能插嘴。而社交中的说话，彼此在对等的地位，如果在这种谈话中，你一个人一直滔滔如高山瀑布，永不停止地倾泻着，那对方就没有回话的机会，完全是你说人听了。这样你肯定不会受欢迎，甚至会被别人耻笑，而你的回话也不能够为人认同和接受。

世界著名记者麦克逊说："不肯留神去听别人说话，是不受人欢迎的第一表现。"

每个人都有自己的表达欲望，如几个人聚在一起讲述故事，甲连续讲了好几个了，乙和丙都是嘴痒痒的，也想来讲述一两个。可是，甲只管滔滔不绝地地讲下去，使乙和丙想讲而没有机会讲。我们试想一下，乙和丙的心里一定不好受。因为他们没有说话的机会，专门听甲的讲话，自然会没有精神听下去，只好站起来不欢而散了。

比如，一个商店的售货员，拼命地称赞他的货物怎样好，而不给客户回话的机会，就不能做成这位客户的生意。因为客户对你巧舌如簧、天花乱坠的说话，顶多只把你看作一个生意经，绝不会因此购买。反过来，你只有给客户说话的余地，使他对货物有询问或批评的机会，双方能够讨论和商谈，才有机会做成你的生意。

美国钢铁大王卡内基说："倾听是最好的恭维。"西方心理学家杰克·伍德说："很少人能拒绝接受专心注意、倾听所包含的赞美。"所以说，注意倾听别人的讲话，倾听本身就是一种

“无言的赞美和恭维”。

有这样一个小故事，道理讲得很明白。有一个卖货的小店，生意比其他店好，别人问他为什么，他说：“我只是爱听客人说话，他们有事愿到我这儿来。”

你如果能够给别人留有回话的机会，你也就给人留下了一个好印象，在接下来交谈中你就更容易乘风远扬，顺利抵达自己回话的目的地。

◎ 听出弦外之意，回出中意之话

我们跟人说话交流时，有一种情况非常令人尴尬，那就是说者有心，听者无意。一方费尽心机，磨破口舌，而另一方总是不明白对方真正的意思，结果是听的着急，说的更着急，极度尴尬。当然，这里所说的“意”，指的是“言外之意”。

在一部反映清代官场上和珅与纪晓岚“斗法”的电视剧中，有这样一段情节：和珅为了躲开纪晓岚的监督，在赴江南考场监考之前，给江南考场的几位主考官写了这样一封信，信中说：“书中自有颜如玉，书中自有黄金屋。”按理说，这些话都是古人的圣言，没什么特别的地方，但是用在特定的场合下，就另有深意了。当然，江南考场的主考官们是深知其意的。

这个例子虽然举得有些不太地道、不太恰当，但我们应该明白，在回答的过程当中，听懂别人的“言外之意”“弦外之意”，对于我们做出准确的回话具有不可替代的作用。

有一天，一个妇女开着车到城里去，突然，有一只轮胎漏气了。她停下车来，虽然她可以自己换轮胎，可是她希望有人停下来帮助她，因为她穿得漂漂亮亮的要赶赴一场宴会。不久，一个年轻人停下车，并走过来问：“车胎漏气了吗？”假如这个妇女听到的仅仅是“语言文字”的内容，她可能会生气起来，说出类似下面的话：“笨蛋！任何人一看都知道是车胎漏气了！”

如果她这样回答的话，势必会激怒那个热心帮忙的年轻人，而必须自己动手换车胎了。然而，她很聪明地体会到年轻人话里的意思是：“我知道你有麻烦，我能帮助你吗？”于是，她礼貌地回答道：“是的，谢谢你的一片热情啊！”于是她得到了年轻人的帮助，避免了自己换车胎的麻烦。

因此，听话要能听出对方“字里行间的意思”，要对说话者的感觉产生反应，而不是只理解他的表面意思。

俗话说“听话听声，锣鼓听音”，这个“声”指的就是言外之意。同样的话对于不同的人来说有不同的含义，在与人交谈时，我们要尽力揣摩对方话语中隐含的意义，以便让自己的回答应对自如。

“说者有心，听者无意”是一种尴尬，“听得聪明，回得巧妙”是一种艺术，其间的界限判若云泥，看你怎么理解，怎么把握了。当然，首要的一点，是你千万不能小看了它。

◎ 倾听中适时插话回复

一个倾听高手在倾听过程中如何插话，才有助于达到最佳的倾听效果呢？

根据不同对象可采取不同的方法。

第一，当对方在同你谈某事，因担心你可能对此不感兴趣，显露出犹豫、为难的神情时，你可以趁机说一两句安慰的话。

“你能谈谈那件事吗？我不十分了解。”

“请你继续说。”

“我对此也十分有兴趣。”

此时你说的话是为了表明一个意思：我很愿意听你的叙说，不论你说得怎样，说的是什么。这样可以消除对方的犹豫，坚定他倾诉的信心。

第二，当对方由于心烦、愤怒等原因，在叙述中不能控制自己的感情时，你可用一两句回话来疏导。

“你一定感到很气愤。”

“你似乎有些心烦。”

“你心里很难受吗？”

说这些话后，对方可能会发泄一番，或哭或骂都不足为奇。因为，这些话的目的就是把对方心中郁结的一股异常情感“诱导”出来，当对方发泄一番后，会感到轻松、解脱，从而能够从容地完成对问题的叙述。

值得注意的是，说这些话时不要陷入盲目安慰的误区。不应对他人的话做出判断、评价，说一些诸如“你是对的”“他不是这样”一类的话。你的责任不过是顺应对方的情绪，为他架设一条“输导管”，而不应该“火上浇油”，强化他的抑郁情绪。

第三，当对方在叙述时急切地想让你理解他的谈话内容时，你可以用一两句插话来“综述”对方话中的含意。

“你是说……”

“你的意见是……”

“你想说的是这个意思吧……”

这样的插话既能及时地验证你对对方谈话内容的理解程度，加深对其的印象，又能让对方感到你的诚意，并能帮助你随时纠正理解中的偏差。

以上三种倾听中的插话方法都有一个共同的特点，即不对对方的谈话内容发表判断、评论，不对对方的情感做出是与否的表示，始终处于一种中性的态度。这是你要切记的，如果你试图超越这个界限，就有陷入倾听误区的危险，从而使一场谈话失去了方向和意义。

◎ 倾听要知晓的规则和潜规则

在交谈过程中，不少人都是只顾着自己说话，而不注意听清楚别人的意思。这就造成自己的回话经常产生彼此误会的情况，各想各的，都站在自己的立场，相互争辩，最终大家弄得不欢而散。

因此，真正有见识的人，会善于倾听对方的谈话，并同时在脑中把对方的观点分析、整理出来，归纳出要点，让大家有个一致的交谈方向。然后，再据此回答，说出自己的意见，使整个讨论的方向更为明确，这种人才是最会表达的人。

因此，为保证自己的每一句回话为人所重视，不惹人讨厌，你就要做到少说话，静静地思考，耐心地听别人说话。

做一个耐心的倾听者，要遵守6个规则：

规则一：对讲话的人表示称赞

这样做会营造良好的交往气氛。对方听到你的称赞越多，他就越能准确表达自己的思想。相反，如果你在听话中表现出消极态度，就会引起对方的警惕，对你产生不信任感。

规则二：全身心注意倾听

你可以这样做：面向说话者，同他保持目光的亲密接触，同时配合标准的姿势和手势。无论你是坐着还是站着，与对方要保持在双方都最适宜的距离上。我们亲身的经历是，只愿意与认真倾听、举止活泼的人交往，而不愿意与推一下转一下的石磨打交道。

规则三：以相应的行动回答对方的问题

对方和你交谈的目的，是想得到某种可感觉到的信息，或者迫使你做某件事情，或者使你改变观点，等等。这时，你采取适当的行动就是对对方最好的回答。

规则四：别逃避交谈的责任

作为一个听话者，不管在什么情况下，如果你不明白对方说出的话是什么意思，你就应该用各种方法使他知道这一点。

比如，你可以向他提出问题，或者积极地表达出你听到了什么，或者让对方纠正你听错之处。如果你什么都不说，谁又能知道你是否听懂了？

规则五：对对方表示理解

这包括理解对方的语言和情感。有个工作人员这样说："谢天谢地，我终于把这些信件处理完了！"这就比他简单说一句"我把这些信件处理完了"充满情感。

规则六：要观察对方的表情

交谈很多时候是通过非语言方式进行的，那么，就不仅要听对方的语言，而且要注意对方的表情，比如看对方如何同你保持目光接触、说话的语气及音调和语速等，同时还要注意对方站着或坐着时与你的距离，从中发现对方的言外之意。

在倾听对方说话的同时，还有几个方面需要努力避免：

第一，别提太多的问题。问题提得太多，容易造成对方思维混乱，谈话精力难以集中。

第二，别走神。有的人听别人说话时，习惯考虑与谈话无关的表情，对方的话其实一句也没有听进去，这样做不利于交往。

第三，别匆忙下结论回答。不少人喜欢对谈话的主题做出判断和评价，表示赞许和反对。这些判断和评价，容易让对方陷入防御地位，造成交际的障碍。

再列举6点令人满意的听话态度：

（1）适时反问。

（2）及时点头。

（3）提出不清楚之处并加以确认。

（4）能听出说话者对自己的期望。

（5）辅助说话的人或加以补充说明。

（6）有耐心并想深入了解说话的内容。

◎ 听，无声胜有声的回答

教育家卡耐基说：“做个听众往往比做一个演讲者更重要。专心听他人讲话，是我们给予他人最大的尊重、呵护和赞美。”每个人都认为自己的声音是最重要、最动听的，并且每个人都有迫不及待地想要表达自己的愿望。在这种情况下，友善的倾听者自然能成为最受欢迎的人。

小李的父亲是位知识分子，为人古板，不喜与人交往，每次小李来了熟人，父亲就独自躲到书房，很少与人打招呼。一次，小李的三个高中同学来到家里。大家一见分外亲热，其中有两位喜欢下棋，闲谈中都是些术语、行话，而另外一位对“黑白世界”一无所知，无聊中去了父亲的书房。这外边三位在棋局上杀得天昏地暗，没去管他。等玩够后，才从书房中把那个同学叫出来，令小李吃惊的是：老父居然送出房门口，还问儿子为什么不留他们吃饭，临行还一再叮嘱：以后有空来玩。在小李的记忆中这是父亲第一次留他的同学吃饭，而且以后还经常问及那位同学为什么不来玩。

小李在惊叹之余，问及同学怎样赢得父亲的欣赏。结果那同学说：“没什么呀，你们下棋我不懂，就去你父亲书房，见你父亲在看一本水利方面的书，就问你父亲是否搞水利的，然后就好奇地问长江大桥的桥墩怎么做的，你父亲就开始给我讲解，如何先将一个大铁筒插进去，将里面的水抽干，挖出稀泥，打地基，直到做好干透，再将铁筒抽掉，你父亲在说，而我只是认真听，也没说什么。”

倾听不仅体现着一个人的道德修养水准，而且关系到能否与对方建立一种正常和谐的人际关系。而不懂倾听不光会让我们显得无知、无礼貌，往往还会错失良机。

德怀特·莫罗是一名刚刚出道的外交家，受柯立芝总统之命出任墨西哥大使。“这是一件很困难的差使，”布鲁斯·巴顿说，“墨西哥是山姆叔叔手上最敏感的一个手指头，到那边去做大使是很麻烦的一件事。”鉴于此，对莫罗而言，第一次拜见墨西哥总统卡尔士的表现，是具有历史意义的。

如何给墨西哥总统留下一个良好的印象呢？在这样的紧要关头，莫罗运用了一个巧妙的回答策略。莫罗绝口不提起那些应当由大使来负责谈判的严重问题。他只是称赞厨子，多吃了几块饼，点着了一支雪茄，请卡尔士总统给他讲一些墨西哥的情形，内阁对于国家的希望如何？总统所想做的有哪些事情？他对将来有些什么看法？当卡尔士发表意见时，他则在一旁全神贯注地听。结果，第二天，卡尔士总统对一个朋友说，莫罗才是真正会说话的大使。

卡尔士总统的这句话让情绪紧张的墨西哥人、焦急不安的美国人都长长地舒了一口气。

初出茅庐的莫罗如此轻易地折服了卡尔士总统，并非采用了什么特别的策略，只不过让卡尔士总统发表意见，自己洗耳恭听罢了。

很多人认为，倾听不过是一种最基本的沟通手段而已。事实并非如此简单，倾听不仅是一种沟通的手段，更是一种礼貌，是尊重说话者的一种表现，是对说话者最好的恭维。倾听，是一种无声胜有声的回答，专注倾听对方说话，可以使对方在心理上得到极大的满足。这正是莫罗成功的秘诀。通过倾听，无形之中，他显示了自己对卡尔士总统的尊崇，让卡尔士总统感受到了充分的尊重。

人人都渴望得到他人的尊重，没有谁会拒绝耐心而专注地听自己说话的人。当你想赢得陌生人的好感时，不要试图多“说”而要多“听”。

◎ 沉默比夸夸其谈更有力量

有的人因为一心急于说服对方，改变对方的想法，回答别人的话题时滔滔不绝说个没完，丝毫不给对方表达自己想法的机会。事实上，真正想要让对方心悦诚服地接受你的想法，最好的方法就是要让对方充分地表达自己的想法。

在对方娓娓细说自己的想法时，即使你对他的观点颇不认同，你也应该抑制住自己心中的冲动，万万不能半途插嘴，打断对方的话。毕竟，此时此刻对方真正关心的并不是你的想法如何，而是要一心一意将自己的想法毫无保留地表达出来。“多言之客以耳闻，少言之客以口问。”与人交谈回话要多用耳朵听，用嘴巴问，切忌喋喋不休。

一个工厂生意清淡，工厂主想改行，于是打算变卖自己的旧器材。他心想：“这些机器磨损得很厉害，能卖多少算多少吧，能卖到4万元最好了，如果别人压价压得狠，3万元我也咬牙卖了。”

终于来了一位买主，他在看完机器后，从剥落的油漆说到老化的性能，再到缓慢的速度，挑三拣四地说了一大通，几乎没有停过。工厂主知道这是压价的前奏，于是耐着性子听对方滔滔不绝的埋怨。

买主终于转入正题：“说实话，我不想买，但要是你的价格合理，我可以考虑一下，你说个最低价吧！”

工厂主静静地思索着：忍痛卖了还是不卖？就在他沉默的那3秒钟里，他听到了一句话：“不管你想着怎么提价，首先要说明的是，我最多给你6万元，这是我出的最高价。”

与人交谈，保持适当的沉默很重要。适时闭嘴，在沉默中让对方多说，可以让对方吐露出内心真实的想法，从而让你省去了许多口舌之劳，缩短了你说服和回答过程。沉默比夸夸其谈更有力量。

沉默是推销行业里广为人知的规则之一。作为一个销售员，在与客户谈判时，要善于保持沉默，因为沉默可以给对方和自己留有余地。

有一次，贝德加去拜访颇有名气的家具批发商乔治·戴蒙先生。在6小时的商谈中，贝德加说话的时间竟不到5分钟。

贝德加第二次约见戴蒙时，特别安排在午餐后，会谈从下午2点开始，然而，当戴蒙的司机在6点来敲门时，他们仍谈性正浓。

在这两次拜访中，贝德加实际上只用了30分钟介绍保险，却花了9个小时聆听这位老先生冒险刺激的实业家生涯。从自己如何白手起家，如何闯出一番大事业，却在50岁时因合伙人负债而破产，以及他如何经过不断的努力才东山再起，获得了不凡的成就。似乎已多年没有人愿意花那么长的时间，听这位老人细数陈年往事，戴蒙显得很兴奋，在他倾诉时，眼睛中流露着少有的感情。

乔治从头至尾仔细聆听他的故事。最后，为了保护他的事业，戴蒙为他的儿子投了10万元的寿险。

在交谈中，如果你保持适当的沉默，留意且欣赏对方的谈话内容，会使对方感觉受到尊重，说服自然也能水到渠成。

CHAPTER 3

用心回话，回话回到心坎上

人际交往中的语言交锋，不仅是口才的对决，更是心理的较量。人的言谈举止背后隐藏着幽微的心理活动，只有看清对方心灵深处的意图和动机，你才能胸有成竹地与人交谈，提高回话的命中率。

回话不仅要用嘴，更要用心。与人交谈要善于用心观察，察言观色，尽可能地捕捉对方谈话和举止中透露的心理信息。心口合一，双管齐下，回话才能切中要害，做到“话无虚发”。

◎ 回话要善于“抓心”

交谈中了解对方的心理，是掌握沟通进程和准确回话的基础。我们只有在了解对方心理的基础上，才能正确地选择在某个场合该讲什么，不该讲什么，哪些话能够打动听众的心，能使听众产生共鸣，真正使谈话达到水乳交融的境地。

我们都有这样的经验：年龄小的时候，总有父母、师长对我们进行教导，长大一些又有与朋友之间的沟通交流，这都是谈心。谈心是回话的预热阶段，通过谈心打开双方的心房，通过良好的沟通促进彼此的理解，为自己的回话扫除障碍，让交谈朝着良好的方向发展。

那么，是不是所有的人都会谈心呢？不见得。你也许可以高谈阔论两三个小时而面不改色，却不一定会轻声细语地谈心，而这种方法有时候更适合交谈，有利于于回话，有利于解决问题。

下面我们就讨论一下回话中“抓心”的原则：

首先，融洽关系，制造谈话的气氛。

制造一种和谐的气氛，说句笑话，讲点让人高兴的事情，拉近了感情距离，效果就会好得多，哪怕煽情些也不伤大雅。

其次，要注意谈话的态度，要亲切自然，消除对方谈话的戒心。

如果对立情绪较大，可采取“冷处理”的方法，暂时延缓谈话，或者“曲线交谈”，从另外的事入手。在亲切之余，要注意诚恳。

其三，谈话要有的放矢，目标明确，不能让对方感到无所适从。

最后，要注意选择方法，增强谈话的效果。

一位哲学家说：“世界上没有完全相同的两片树叶。”根据谈话对象的不同采取不同的方法，可以直接奔向主题，也可以迂回进行。

这些原则和方法的核心在于清楚地认识谈话对象，从谈话对象的角度去决定沟通和回话的方式和内容，所谓“谈心要抓心”，“回话要贴心”。

◎ 识破表情再回话

不同的人爱听不同的回话，这是容易理解的。但困难的是——你怎么知道他爱听什么、不爱听什么呢？这就要“看”人回话——边“看”边说，边说边“看”。这“看”，即是观察：在与对方谈话时，要善于一边说一边察言观色。

“看”对方什么呢？

1. 看面部表情

狄德罗曾经说过，一个人“心灵的每一个活动都表现在他的脸上，刻画得很清晰，很明显”。有时对方口头表示赞同你的意见，但他的眉头却不知不觉地紧皱了起来，或者他的嘴唇突然紧闭，而且嘴角向下撇。这些表情恰恰是内心不愉快的流露。因此他说的赞同的话其实是言不由衷的，或者碍于情面，或者屈于权势，才不得不这样说的。

2. 看体态表情

几乎每一种体态，每一个动作都是一种特殊的语言，都在宣泄着一个人的内心世界。问题在于我们要能看懂这些体态表情，要能领会它们的内在含义。假如与你谈话的人双脚并立，双臂交叉在胸前，这就表明此人对你怀有某种敌意，他在做自我防卫；而当他不仅双臂交叉，而且双拳紧握时，那就说明他不只在自卫，还要向你进攻了。又如，如果对方常向你摊开双手，这就表明此人是真诚坦率的，他对你毫无提防之心。

3. 看语言表情

与人交谈时不但要看他说什么，而且还要看他怎么说。这就是要留心从对方说话声音的高低、强弱、快慢、腔调中捕捉出他的言外之意。这是因为说话声音的种种变化不但表现一个人的性格，如急性子的人说话节奏快、声音响亮，慢性子的人说话节奏缓慢、声音低沉；而且能够表明一个人的情绪与心境。例如，人忧伤时语速慢、声音低、节奏平缓；而人兴奋时与之相反，语速快、声音高、节奏强烈。

所谓“看人回话”，主要是“看”上述三种表情。从这些表情变化中，我们便可随时猜度对方的心理态势，透视对方的心理需要，然后也就可以随时调整自己回话的内容与方式，使之更适应对方的思想线索。这样，你的回话便可获得预期的良好的效果。

看人回话，将使你在成功的道路上路路绿灯，处处顺畅。

◎ 摸清对方底牌后再回答

人与人之间沟通，懂得如何回话、回些什么话、怎样使回答的话打中对方心坎，这些都是回话中需要注意的地方。

回话技巧看似雕虫小技，却有可能因此扭转你的一生。

西汉初年，汉高祖刘邦打败项羽，平定天下之后，开始论功行赏。这可是攸关后代子孙的万年基业，群臣们自然当仁不让，彼此争功，吵了一年多还吵不完。

汉高祖刘邦认为萧何功劳最大，就封萧何为侯，封地也最多。但群臣心中却不服，私底下议论纷纷。

封爵授禄的事情好不容易尘埃落定，众臣对席位的高低先后又群起争议，许多人都说："平阳侯曹参身受七十次伤，而且率兵攻城略地，屡战屡胜，功劳最多，应当排他第一。"

刘邦在封赏时已经偏袒萧何，委屈了一些功臣，所以在席位上难以再坚持己见，但在他心中，还是想将萧何排在首位。

这时候，关内侯鄂君已揣测出刘邦的心意，于是就顺水推舟，自告奋勇地上前回答道："大家的评议都错了！曹参虽然有战功，但都只是一时之功。皇上与楚霸王对抗五年，时常丢掉部队，四处逃避，萧何却常常从关中派员填补战线上的漏洞。楚、汉在荥阳对抗好几年，军中缺粮，也都是萧何辗转运送粮食到关中，粮饷才不至于匮乏。再说，皇上有好几次避走山东，都是靠萧何保全关中，才能顺利接济皇上的，这些才是万世之功。如今即使少了一百个曹参，对汉朝有什么影响？我们汉朝也不必靠他来保全啊！你们又凭什么认为一时之功高过万世之功呢？所以，我主张萧何第一，曹参居次。"

这番回话正中刘邦的下怀，刘邦听了，自然高兴无比，连连称好，于是下令萧何排在首位，可以带剑上殿，上朝时也不必急行。

而鄂君因此也被加封为"安平侯"，得到的封地多了将近一倍。他凭着自己察言观色的本领，能言善道，舌灿莲花，一生中享尽了荣华富贵。

回话，要懂得什么时候回答什么话，什么时机回答什么话。

要善于揣摩人意，洞悉别人的内心所想，针对别人的内心想法说出相应的话，这样你的回话才能说到别人的心坎上，既能让别人喜欢，又能达到自己的目的，收到一箭双雕之效。

◎ 揣摩心思，回得满意

人的心理捉摸不定、较难把握，但是，在有些场合，人内心的东西又常通过各种方式外露。善于观察听者的一举一动，并能据此加以分析和推测，那么，基本上就可以掌握听众的心理和情感，从而为自己的回话提供依据，让自己的回话打中听众的心坎。

譬如，在讲话时，如果听者发出欷声，说明听众不喜欢那些话；如果听者两眼注视，说明说话的内容非常吸引人；如果听者左顾右盼，思想不集中，说明他心里可能很着急，但又出于尊敬而不愿离开……当然，有许多人善于抑制自己的感情，不让它外露，即使这样，也会露出蛛丝马迹。

战国时，魏文侯和一班士大夫在闲谈。

文侯问他们："你们看我是怎样的一位国君？"许多人都答道："您是仁厚的国君。"可一位叫翟黄的人却回答说："你不是仁厚的国君。"文侯追问："何以见得？"翟黄有根有据地答道："你攻下了中山之后，不拿来分封给兄弟，却封给了自己的长子，显然是出于自私的目的，所以我说你并不仁厚。”一席话说得文侯恼羞成怒，立刻令翟黄滚出去，翟黄若无其事地昂然离去。

文侯仍不甘心，他又接着问任痤：“我究竟是怎样的一个国君？”任痤答道：“您的确是位仁厚之君。”文侯更加疑惑了。任痤说：“我听说过，凡是一位仁厚的国君，其臣子一定刚直，敢说真话，刚才翟黄的一番话说得很直，而不是阿谀奉承之词，因此，我知道他的君主是位宽厚的人。”文侯听了，觉得言之有理，连声说：“不错，不错。”立即让人把翟黄请了回来，而且拜他为上卿。

在这则故事中，我们不但能看出任痤的人品高尚，救助同事；而且能看出他回话机巧聪明，善于抓住魏文侯愿意被人尊为仁厚之君这种心理，从同一事件中巧妙地引出了有利的结论，化解了文侯和翟黄之间的矛盾。

与人交谈沟通，要善于观察对方的心理。如果有机会到陌生朋友家里去做客，就要用自己的眼睛去细心观察对方的有关情况，加强对对方的了解。比如，我们从对方家庭的日常生活用品及布置设计中，就可以判断出对方的经济状况、生活情趣、艺术修养格调等；从对方的言谈举止、音容笑貌及衣着表情，就可以窥探出对方的性格、品德以及为人处世与待人接物方面怎样；从对方家中案头放的书籍、墙上挂的艺术作品，就可以了解到对方的个人爱好、学习兴趣、审美情趣等。有了以上这些了解，我们容易轻松自如地与对方进行交谈、回话、表达思想。

◎ 投其所好，回得高妙

投其所好，原意是为达到某种目的而迎合对方的爱好，即通过满足对方心理需求这一手段达到彼此相通的目的。这一方法同样可以用在回话中。

要想使自己的回话讨人喜欢，一个重要的准则在于能否把话说到别人的心窝里，打动对方的心弦。

每个周末，公园门口就会有许多人驻足，他们中间有不少人是等待与情侣相会的。公园的门口还有两个擦鞋童，高声叫喊着以招徕客户。

游客中有人停下脚步向他们问话。

其中一个回答说："请坐，我为您擦擦皮鞋吧，又光又亮。"

另一个却回答说："约会前，请先擦一下皮鞋吧？"

结果，前一个擦鞋童摊前的客户寥寥无几，而后一个擦鞋童的喊声却收到了意想不到的效果，一个个青年男女都纷纷要他擦鞋。这究竟是什么原因呢？

第一个擦鞋童的回话，尽管礼貌、热情，并且附带着质量上的保证，但这与此刻青年男女们的心理差距甚远。因为，在黄昏时刻破费钱财去"买"个"又光又亮"，显然没有多少必要。人们从这儿听出的印象是“为擦鞋而擦鞋”的意思。

而第二个擦鞋童的话就与此刻男女青年们的心理非常吻合。“月上柳梢头，人约黄昏后”，在这充满温情的时刻，谁不愿意以清清爽爽、大大方方的形象出现在自己心爱的人面前？一句“约会前，请先擦一下皮鞋吧！”真是说到了青年男女的心坎上。可见，这位聪明的擦鞋童，正是传送着“为约会而擦鞋”的温情爱意。一句“为约会而擦鞋”一下子抓住了客户的心，因而大获成功。

没有人会喜欢一个谈话时只讲他自己，而不关心对方的人。人们只愿意和那些与自己有共同话题的人交往。

事实证明，与人交谈，回话中多说些对方喜好的话题，很容易使人产生理解和共鸣，继而就会带来谅解和愉快的合作；反之，则会产生排斥和拒绝。要使对方从消极到积极、从拒绝到合作，就需要积极地进行引导、启发。“投其所好”正是产生这样一种效果的说服和回话方法。

◎ 察言观色，探清套路再回话

心理学研究证明，外界事物对人类大脑的刺激，往往会使人体内部某些相应组织的机能在一个短时间内出现异常现象。也就是说，人的喜怒哀乐，不仅是通过口头语言，在更多情况下是通过人的身体表情来表现的。

另一方面，由于个性差异，每个人的思想和感情的流露，又多包含在一种与众不同的习惯性动作、神态当中。在交流沟通和回话过程中，善于从言语和身体表情动作两个方面洞察对方，那么，你就算成功了一半。

人们的言与色有时是简单外露的，对它的体察是容易的；有时是复杂隐蔽的，对它的体察就比较困难。因此，需要用心观察交谈对象的一言一行、一举一动，以便于自己更好地展开沟通和进行回话。一般来说，有以下几点应注意：

首先，抓住“决定性瞬间”。

任何一个人，对自己神情的掩饰，都不可能达到绝对的滴水不漏。关键问题是，你在对方错综复杂的神情变化中，能否准确判明哪一个变化是有决定性的。对于机智的人来说，其弥补失误的本领也是异常高超的，他不可能让你长时间地洞悉到他的破绽。

因此，时机对你非常宝贵。至于究竟什么才是这种“决定性瞬间”的具体显现，怎样才能将其判明并抓住，那只能具体情况具体分析，凭借你的经验和感觉来定夺，无固定模式可循。

其次，主动探察。

察言观色，不能理解为被动式的冷眼旁观。事实上，主动探察，采用一定的方式、手段去激发对方情绪，才是迅速、准确把握对方思想脉络的最佳途径。这里包括几个要点：

一是闲谈探底。即在触及正题之前，漫无边际地谈些与正题无关的话，目的在于观察对方的兴趣、爱好、习惯和学识等情况，如果对方感到厌倦，那么你的漫谈还可起到扰乱其心绪的作用。

二是施放诱饵。你可以若有若无地用一些对对方具有吸引力的话题，判断出对方心中所想，摸清对方神情变化及心理活动的一般特点。

三是激将法。你可用一连串的刺激性问题，攻击对方，使其兴奋，进而失去对自己情绪的控制；你还可以做出一些高傲、看不起对方的姿态，对他的自尊造成一种威胁，激发他的情绪。

◎ 探索共同点，找准回话切入点

心理学表明，如果能够找到和对方交谈的共同点，就可以突破对方的心理防线，打破双方交谈的障碍，为回话和表达做好铺垫。

1. 善于观察，寻找共同点

个人的心理状态、精神追求、生活爱好等，都或多或少地在他们的表情、服饰、谈吐、举止等方面有所表现，只要你善于观察，就会发现你们的共同点。比如乘坐火车时，你可以巧妙地接近对方："你是哪个学校毕业的？"对方回答："××学校。”“哦，算来咱俩还应算是校友呢。”……于是，交谈的窘境就轻而易举地消除了。当然，察言观色还要同自己的情趣爱好相结合，自己对此也有兴趣，打破沉寂的气氛才有可能。否则，即使发现了共同点，也还会无话可讲，无话可回，或讲一两句就“卡壳”。

2. 以话试探，侦察共同点

可以打招呼开场，询问对方籍贯、身份，从中获取信息；可以通过听说话口音、言辞，观察对方情况；可以动作开场，边帮对方做某些急需帮助的事，边以话语试探；甚至借火吸烟，也可以打开交际沉寂的局面。比如乘车时，你可以问对方：“在什么地方下车？”“南京，你呢？”“我也是。你到南京什么地方？”“我到南京山西路一亲戚家有事，你是本地人吧？”“不是的，我是从南京来走亲戚的。”……经过双方的“火力侦察”，双方对县城熟悉、对南京了解、都是走亲戚的共同点就清楚了。这种融洽的效果看上去是偶然的，实际上也是有其必然原因的：“火力侦察”，发现共同点，打破了陌生感。

3. 揣摩谈话，探索共同点

为了寻找对方同自己的共同点，可以在需要交际的人同别人谈话时留心分析、揣摩，也可以在对方和自己交谈时揣摩对方的话语，从中发现共同点，为自己的回话提供信息。

4. 步步深入，挖掘共同点

随着交谈内容的深入，共同点会越来越多。为了使自己的回话能够被对方理解和接受，必须一步步地挖掘深层的共同点。

在对方敞开心扉和我们说话后，如果你要想得到他们的支持，那么接下来你应该思考这样一个问题：怎么能够让他认同我？问题的答案很简单：恰到好处地适应陌生人的情感需求。你只有打通了陌生人的情感需求通道，才能让他彻底放下戒心，才会从心底里认同你。

首先，关心他最亲近的人。任何人总是关心着自己最亲近的人，如果一旦发现了别人也在关心着自己所关心的人，大都会产生一种无比亲近的感觉。交际就可以利用人们这种共同的心理倾向，从关心他最亲近的人切入，拉近交际的距离。

其次，在他心中建立起“同胞”意识。如果能在交际之初迅速建立起“同胞”意识，就可以使对方放松对自己的警戒之心，而把自己接受为“自己人”。

再次，为他人助上一臂之力。热情相助最能博得别人的好感。在日常生活中，那些具有古道热肠、为人厚道、不吝啬、好助人的人总能在邻里之间、同事之间获得好名声。因为人们一般都乐意与这些热心肠的人相识相交相谈。

最后，用温情暖化他人心中的坚冰。人们一般都认为，双方的矛盾爆发之后的一段时间，是交际的冰点。但此时你若能主动做出一个与对方预期截然相反的善意举动，就会使对方在惊愕、感叹、佩服、敬意之中认同你，愿意与你交谈。交际的冰点就成了成功回话的切入点。

◎ 没话找话，回话要会找话题

交谈中要学会没话找话的本领。所谓“找话”就是“找话题”，找交谈的切入点，找表达的发挥点，找回话的契合点。

写文章，如果有了一个好题目，我们往往会文思如泉涌，一挥而就。同样，双方交谈，有了一个好的话题就能使谈话融洽自如。好话题，是初步交谈的媒介，深入细谈的基础，纵情畅谈的开端。好话题的标准是：至少双方对话题比较熟悉，能谈；大家感兴趣，爱谈；有展开探讨的余地，好谈。

那么，怎样去挖掘一个方便表达、增进交谈和回话的好话题呢？

1. 找准兴奋中心

当跟众多的人在一起谈话时，要选择众人都感兴趣的事件为话题，激发起大家交谈的欲望。因为这类话题是大家想谈、爱谈又能谈的。人人都有话，都能发表自己的观点和看法，自然能使话题进行下去，以至引起许多人的议论和发言，进而产生共鸣。

2. 就地取材

巧妙地借用彼时、彼地、彼人的某些材料为题，借此引发交谈。有人善于借助对方的姓名、籍贯、年龄、服饰、居室等，即兴引出话题，常常能取得好的效果。“即兴引入”法的优点是灵活自然，就地取材，但关键是要思维敏捷，能迅速做出由此及彼的联想。

3. 循趣入题

试探出对方的兴趣，由兴趣起始，能顺利引发出话题。如对方喜欢看电影，便以此为话题，谈电影的优劣，讨论故事的情节等。如果你也喜欢看电影，那你们就找到了共同的兴趣，可顺利进入话题。

一般情况下，谈话要选择一些容易引起对方兴趣的话题，这样有利于创造一个轻松活跃的谈话氛围，使交谈得以深入，友谊得以发展。一般而言，以下几种话题，容易引起大家的谈话兴趣：

（1）与谈话者自身利益密切相关的话题。

（2）与谈话者兴趣、角色相关的话题。

（3）具有权威性的话题。

（4）新奇的话题。

（5）某些特殊的话题。

（6）社会和他人禁锢、保密、敏感的话题。

但在具体选择这些话题时，要考虑谈话对象。一个话题，只有让对方感兴趣，谈话才有维持和继续的可能。比如，自己是球迷，就切莫以为别人都是球迷。逢人就谈球赛，遇到对球不感兴趣的人也大谈特谈，让对方感到索然无味。

关怀和帮助是人人都需要的，因此关心对方也是个永远受欢迎的话题。有一位女记者，在鸡尾酒会上与伊丽莎白女王进行了简短的交谈。记者问女王昨天是不是在风雨中视察过铁矿。女王听后非常吃惊。原来女王的外衣被什么东西染上了红褐色，经女记者的提醒，女王才发现。女记者从关心女王的外衣开始，自然引起了女王的好感，使这次交谈也获得了成功。

引发话题的方法很多，诸如“借事生题法”“即景出题法”“由情入题法”，等等。可巧妙地从某事、某景、某种情感，引发出一番议论。引发话题，类似“抽线头”“插路标”的做法，重点在引，目的在导，使对方有话可说，诱发对方谈话的兴趣。

◎ 消除戒意，乘隙而入回话

在交谈和回话过程中，当你想去说服一个人时，对方免不了怀有戒意，对方的戒意太大就会给你的表达造成阻碍，不把它除去你就很难打动对方的心，达到沟通效果。所以，要想使自己的回话能够说服对方，应该先去除其“戒意”。

碰到对方对你有戒意时，应如何消除呢？下面是应对的秘诀：

1. 积极地表示你很“关心他”

积极地向对方表示“我很关心你”，十分重要。一旦发现对方有戒意就得马上采取消除戒意的行动。戒意一除，才有进入问题核心的可能。做到这个地步，说服就等于成功了一半。

2. 进入对方的意识里

一开始就想使对方落败，只会增强对方的抗拒心，无异于自造障碍，是愚蠢之至的做法。边微笑，边点头，借这些小动作，表示自己对他怀有好感，对方就觉得，这种事何必跟他争论得那么认真？这一招，效果之好，超出想象。

如果认真倾听而对方仍无动于衷，遇到这种局面，你可以自动地以对方的携带物、穿着之类的东西做话题。手表、领带、领带夹、袖扣、西装、皮鞋、眼镜……可说是一个人嗜好和个性的象征，这些东西受到注目，他岂能不启口，跟你聊谈数句？

3. 寻找双方的共同点

（1）把自己的某些小秘密泄露出来。

（2）谈论中屡次把对方的姓名夹进去。

（3）故意使用对方爱听的言辞。

（4）问对方的籍贯、居住地。

（5）拿对方认识的第三者做话题。

（6）如果觉得使用人称代名词有损对方的感情，就换用抽象名词。

4. 顺着对方的心理趋向进行回答

（1）从细小的事说起。杰出的推销员，最精于此道。譬如，推销某种东西时，就说：“不买也不要紧，请拿在手里试试它的感觉吧。”先避谈买不买，只求对方拿在手里试试感觉（这是比购买行为更小的行为）。如果推销的是香水就说：“怎么样？闻一闻它芬芳的香味吧。”这样由小而大，一步紧似一步地进击，这种过程，不会让对方觉得有任何心理压力。

（2）先说结论，有时候也很有效果。将你打算说服的是什么，及早而明确地指出。这一招，在生怕拖长时间的时候使出来，就足以使对方戒意尽除。这个方法的用意，是为了不使对方在心理上产生抗拒，进而促其造成“同意的心理态势”。

◎ 站在对方的角度回答

有家电视台，每周设有一次关于人生问题讲座的节目，据说收视率要比同时段的其他节目高出许多。收视率之所以高，当然有许多原因，但其中或许有人们都喜爱观看他人遭遇不幸的残酷心理。不过，最主要的还是因为节目中巧妙的对话，使人百看不厌。

大多数有疑难问题而上电视请教的观众朋友，在开始时，多会对解答者所做的各种忠告提出反对意见或辩解，并且显得十分不情愿接受对方所言。但久而久之，不觉对解答者所说的每一句话都会频频点头称是。见了这些画面，真是比起在电影院中观赏一部电影的感受还要深。

凡电视台的主持人或问答者，无不是精挑细选才产生出来的，所以光是听听他们的说服方式也能获益不少。

对于不易说服的人，最好的办法就是要使对方认为你的回话是与他站在同一立场的。通常出现在探讨有关人生问题的电视节目的观众朋友，离婚女子占多数。此时，负责解答疑难者说的一句话是："如果我是你的话，我会原谅他的，而且绝不与他分手。"

千万别认为话中的"如果我是你"只是一句短短的单纯的话而已，殊不知它能发挥的效力是不可估量的。而这就是由于人人都有认为"自己是最可爱"的心理所致。

如果你在回答和说服别人的过程中，无意中使用了一些不太得当的言词，但由于你巧妙地运用这句"如果我是你"，从而弥补了言词上的过失，不仅如此，它还能促使对方做自我反省，使对方终于感觉到唯有你的忠言，才是对他自己最有利的。

卡耐基曾用某家大礼堂讲课。有一天，他突然接到通知，租金要提高3倍。卡耐基前去与经理交涉。面对经理的指责，他回答说："我接到通知，有点震惊，不过这不怪你。如果我是你，我也会这么做。因为你是旅馆的经理，你的职责是使旅馆尽可能盈利。"

紧接着，卡耐基为他算了一笔账，将礼堂用于办舞会、晚会，当然会获大利。"但你撵走了我，也等于撵走了成千上万有文化的中层管理人员，而他们光顾贵旅社，是你花5000元也买不到的活广告。那么，哪样更有利呢？”经理被他说服了。

卡耐基之所以成功地说服了经理，在于当他回答说“如果我是你，我也会这么做”时，他已经完全站在了经理的立场。接着，他站在经理的角度上算了一笔账，抓住了经理的兴奋点——盈利，使经理心甘情愿地把天平砝码加到卡耐基这边。

汽车大王福特说过一句话：假如说我有什么成功秘诀的话，那就是设身处地替别人着想，了解别人的态度和观点。因为这样不但能得到你与对方的沟通和理解，而且更为清楚地了解了对方的思想轨迹及其内心的想法，从而让自己的回话有的放矢，精准到位。

CHAPTER 4

变答为问，让提问者自己回答

别人开口发问，你就张口回话？一问一答，以答对问，双方的话匣子就此打开。在对方的“步步紧问”下，你不免感到穷于应付，只有答话之功，而无回话之力，以致回话“卡壳”，败下阵来。

那么，何不换个方式，以问代答呢？学会提问是成功回话的一半。高明的提问，不仅能帮助你掌控说话的主动权，还有助于你问清对方的想法和意图，并据此整理自己的回话思路，做出准确的回答。问题提得好，回话才能回得巧。

◎ 以问话作为回话的引子

提问，是社会交往中很常见的一种活动。如何使对话按照自己计划的进程发展，使交谈对象说出自己想要了解和知道的信息，很重要的一点就是取决于人们提问技巧的高低。它也是口才高低和回话能力的表现。提问的一个重要作用是让对方为自己解疑释难，此外，提问还有以下作用：

1. 以问话作为话语的引子

冯玉祥将军统领西北军时，部队中有个外国军事专家经常提问刺探军事秘密。冯玉祥不高兴了，有一天对他说："你知道中国'顾问'二字是什么意思？"

"不知道。"

"'顾'者看也；'问'者问话也。'顾问'者，我看着你，有话问你时，才请你答复。"

显然，冯玉祥将军的问话，其目的就要引出对方讲"不知道"，然后就势讲出后面他想说的话，对他进行教育。

2. 以提问代回答

《钢铁是怎样炼成的》里写道：有一天晚上，保尔和安娜不幸被几个匪徒拦劫。一个匪徒用手枪逼住了保尔，另外两个兽性大发的匪徒把安娜拖到了一所空房子里。事后，一个正爱着安娜的工人茨维泰叶十分不安地问保尔安娜是否被强奸。保尔很难过，反问道："你爱安娜吗？"茨维泰叶费力地说："是的。"听了这话，保尔抑制住愤怒，头也不回地迈步走了。这里，保尔对对方提出的问题不做正面答复。保尔这个反问，实际上回答了对方的牵挂问题，这个问句起到了一种以问代答的作用，反驳对方的话语。

3. 回击、反驳对方的话语

回击、反驳有三种情况，一是回击对方刁难、攻击自己的话语动机；二是反驳对方的人品；三是反驳对方话语中提出来的观点。试举一例：

"徐孺子，南昌人，十一岁时与太原郭林宗游，稚与之还家。林宗庭中有一树，欲伐去之，云：'为宅之法，正如方口，口中有木，困字不祥。'余曰：'为宅之法，正如方口，口中有人，囚字何殊？'郭无以难。"

郭林宗有迷信思想，认为宅中有树，犹如口中有木，成了不吉利的"困"字，因此想把树砍掉。而十一岁的徐稚一个问句就把这种观点给反驳了。他说如果宅中不能有树的话，那么宅中也不能有人，因为口中有木成了"困"字，口中有人成了"囚"字。如果说"困"就不祥，那么"囚"字又有什么不同呢？问得对方无言以对。

4. 促进人与人之间的关系

我们每天遇到熟人都会说："小陈，上哪儿？""老林，你来啦？""小白，吃过了吗？"很显然，问题的内容并不是我们关心的，而是用这种问候语进行感情交流。在同事、好朋友之间也经常用提问来交流情感。例如：你的女同事坐在那儿哭，其实你也明白她哭泣的原因是由于夫妻俩感情不融洽，受到丈夫的欺负。如果你坐近她，从事件的起因问起，一直问到结束，她一定会感激你的体贴和关心。如果你不问她的苦衷，说上一大通大道理，肯定不能使她感到安慰的。

◎ 连环三问，为回话"探路"

通过提问，可以引导被说服一方去发现问题症结所在，也可以引导他们提出解决问题的方案。因此，提问是相当重要的技巧。

确实，问题提得好，乃是高明说客的一项标志。高明的提问，有助于看清对方的思想和感受，并据此整理出自己的沟通思路，做出恰当的回答。

也正是通过提问，使得你对别人的需要、动机以及正在担心的事情，具有一种相当深入的了解。有了这样的答案，他人的心灵大门也就对你敞开了。要想有效地运用提问来帮助回话，你还得注意以下三个重要事项：

1. 清晰化——问题一般是针对对方的讲话而发的

事实上，这类提问的总意图不外是：我已听到你的话，但我想确证一下你的真实意思。以清晰化为目的提问，是反馈的一种形式。它可以使说话人的意思变得更加明了。

2. 将问题加以扩展——多角度去挖掘对方的意思

你提问题的目的就是想知道更多的信息，比如对方优先考虑的事情是什么。事实上，你这样提问题就等于告诉对方：我理解你的意思，但我想知道得更多些。

3. 转移话题——有一类问题在转移话题时很有用

在你这样提问的时候，你实际上是在说：我对你这方面的想法已很清楚，让我们换个话题吧。通过这样的提问，你的航船就会转舵到更加顺水的方向上去。因此，对方的回答使问题不断扩展下去，但扩展到一定程度，你就得用转向提问去改变话题。

你的见解要与他人的需要、愿望、目标相结合，要时时注意从别人那得到反馈，这样你就会成为一名强而有力的说客。你要时时洞察对方的想法，这才是做出准确回答至关重要的第一步。

◎ 提问有技巧，回答有诀窍

准确得体的提问是有效回答的一个先决条件，它决定了你回答什么、怎么回答，决定了你在交谈中处于主动地位，也决定了双方的交谈程序和交际气氛。所以，提问也应有控制技巧。

1. 话题的选择是一大关键

一位心理学家曾说过，要使对方乐于答话，莫如挑他擅长的来说。其实，提问也如此。比如一个人羽毛球打得好，就可先问："听说你羽毛球很拿手，是吗？"问话的提问正像打羽毛球时的发球，你以对方的特长发问，就像特意发了个使对方容易接的球，他当然乐意还击，一来一往，畅谈不休。所以，有人把提问称为"谈话的发球"，这一比喻是很恰当的。

2. 掌握交谈气氛

两人问答，气氛是冷淡或是融洽，对交谈的效果有很明显的影响。交谈气氛可由提出的问题和方式来控制。选择问句的句式和严肃的语气，使气氛紧张，能对被提问人的心理产生压力。

如一位外祖母同她的小外孙久别后见面时的一次对话：

"夏天过得好吗？""好。"

"游泳了吗？""没有游。"

"你见到了许多小朋友吧？""嗯。"

"你爱吃冰淇淋吗？""爱吃。"

这样的谈话气氛沉闷，双方都像例行公务似的。其实，老祖母只是想和小外孙亲近亲近，可不知怎样才能让他说话，只好接二连三地采取是非问和事件信息问，这种闭塞式的提问，当然不会打开对方的话头了，这样的提问就没有控制住谈话的主动权。

3. 掌握由提问到表达的过程

有时人们提问，是要对方听自己表达，这就有个由自己提问到自己表达的转变过程。如：

电车上，一位中年人给一位妇女让座。这妇女一声不吭就坐下了。

中年人问："嗯，您说什么？"

"我没说什么呀！"

"哦，对不起。我以为你说了'谢谢'呢。"

先生的提问是为了引出自己后面对女方的批评，显得含蓄而有心计。

又如孟子在批评齐宣王不会治国时问：

"假若一个人，把妻室儿女托付给朋友照顾，自己到楚国去了。等他回来时，妻子儿女却在挨饿受冻。对这样的朋友，该怎么办？"

王答："和他绝交。"

孟子说："假若管刑罚的官吏不能管理他的部下，怎么办？"

王答："撤掉他！"

孟子又问："假若一个国家搞得很不好，那又该怎么办？"

王这时只好看看左右，而讲其他的了。

孟子先设两问，诱导齐宣王做出肯定的回答，然后提出应该怎样处置不会管理国家的国君，使宣王无以对答，最后服从自己的想法。

4. 技巧要与实际相适应

有位青年人走进一家装潢别致的咖啡厅，拿起餐巾围在脖子上。店主看见了，就对伙计说：“你过去告诉他，他弄错了。不过讲话要注意方式。”服务员走过去，对客户说：“对不起，先生，您要刮脸，还是理发？”这个青年人听后却拉下了脸。这个提问由于不符合社交场合，谁也不会跑到西餐馆来刮脸或理发，于是这种委婉提问在青年人听来就可能是讽刺与嘲弄，是达不到交际效果的。

5. 运用技巧要讲究效果

有位父亲想知道儿子毕业后想找什么工作。他提问：

“宝儿，你长大要干什么？”

“当飞机驾驶员！”儿子说。

“当驾驶员干什么？”

“周游世界！”

这位好心的父亲启发式的提问之所以未能达到效果，是因为提问的导向不明确，故儿子不可能如他预想的那样回答。

◎ 看清对方，问得适宜

提问有助于我们做出准确的回答。与人交谈沟通总免不了提问，但问也不是随随便便的。俗话说：到什么山头唱什么歌。同样，提问也应见什么人发什么问。

首先，分清性别提问。

人有男女老幼之分，该由老人回答的问题，向年轻人提出就不合适，该向男性提出的问题，也不能叫女性来回答。

其次，针对对方的性格提问。

有人性格外向、热情直率，对任何问题都能谈笑风生，畅所欲言；有人寡言好思，情绪不外露，但态度比较严肃；也有人讷于言辩、孤僻自卑，对任何问题都敏感，甚至有点神经质。对性格外向的人尽管什么问题都可以提，但必须注意问得明白，不要把问题提得不着边际，否则很容易使谈话“走题”；对寡言好思的人，要开门见山，简洁明了，提问要富有逻辑性，尽量提那种“连锁式”问题，“你为什么会这样呢？”“后来呢？”等等，这样可以促使他源源不断、步步深入地谈下去；对那种敏感而又讷于言辞的人，要善于引导，不宜开始就提冗长、棘手的问题，通常以他喜欢的话题，由浅入深据实发问，启发他把心里话说出来，但必须注意绝不能向他提令其发窘的问题。

再次，根据对方的心理特点提问。

在问答过程中，提问的人、提问的内容、提问的方式甚至提问行为本身都会对被问人的心理产生一定的影响。提问人必须根据被问人的心理特点进行提问，这样才能达到提问的目的。在提问的时候，被问人总是处于一定的心境之中，比如我们去探望病人，人家正在为病情焦灼不安，我们就不应问："病情会不会恶化呀？"

另外，被问人总会对提问人的问题本身采取一定的态度，从而产生种种心理活动，如抗拒心理、回避心理、揣测心理等。

最后，提问必须掌握最佳时机。

提问并不像逛大街、上自由市场那样随时都可以进行。有些提问时机掌握得好，发问的效果才佳。两个过去很要好的朋友都刚刚走上工作岗位，一个偶然的机会他们相遇了，互相询问："你那单位怎样？工作还顺利吧，谈恋爱了吗？"显得既亲热自然，又在情理当中。但是，如果一位姑娘经人介绍与一位从未见过面的小伙子谈恋爱，公园门口两人准时赴约了，沉默了一会，姑娘抬起头来问："你谈过恋爱吗？工作轻松吗？工资多少？"其结局就可想而知了。中国人见面打招呼都喜欢问一句"吃了吗？"如果这话用在吃饭时间前后，倒也无妨，但如果下午三点左右在公共汽车上遇到熟人也问这么一句，就难免让人感到有点莫名其妙。

一般来说，当对方很忙或正在处理急事时，不宜提琐碎无聊的问题；当对方正专心欣赏音乐文娱节目或体育比赛时，不宜提与这场音乐文娱节目和体育比赛无关的问题；当对方伤心或失意时，不宜提太复杂、太生硬、会引起对方不愉快的问题。

总之，一把钥匙开一把锁。我们应该注意选择最佳时机，针对不同的对象，采用不同的对策提问，让对方在轻松、自然的气氛中，把思想深处的东西和盘托出。

◎ 相同的问题，不同的问法

同一个问题，措辞略有不同，效果便有可能相差很远，例如，说“邮筒在哪里？”和“在哪里有邮筒？”便有不同的答案。因为你问法不同，听起来就有差别。

以讲究衣着出名的美国电影明星辛西娅·吉布，某次出席一个聚会，穿的是一件红色的大衣，用一句话形容就是“红得很好看”。第二天，许多亲友和记者来问及那件红大衣的事，问法有如下的不同。

“吉布小姐，昨天你穿了件什么颜色的大衣呀？”（自由式）

“吉布女士，你昨天穿了件大衣，是红色，还是什么别的颜色？”（半自由式）

“是红色的么？”（肯定式）

“不是红的吧？”（否定式）

“是红的，还是白的？”（选择式）

“是深红还是浅红？”（强迫式）

吉布事后对人说，她最不开心是听到“否定式”的提问，对于强迫式也不感愉快。她笑道：“他们何不问我那大衣是浅绿还是深绿？这样，我会爽快地回答他是红的。”

因此，向别人提问时，要注意方式，不能伤人脸面，让人产生反感。

聪明人都喜欢间接，但是大都加以滥用，所以有时会弄巧成拙。凡是可能直接使对方难过，有所损害的，都以间接法为宜。

有这样一个例子：某地有一个退休干部，年已九十九岁，已拿退休工资数十年，每次都由他的孙儿到有关方面领取。某次财务处换了一个新人，他看见花名册上写着领薪人的出生年月是1907年，算一算岂不已近百岁，心想可能是他的儿孙蓄意瞒报领薪人死亡，从而冒领退休工资。

本来他可以问："喂，同志，这个老先生究竟死了没有？"可是他并不这样问，却用间接法："老先生在1907年出生，今年可有几岁了？"听话的人当然知道对方用意何在，于是答道："今年九十九了，托福他还健在。"对方疑团顿释，当即语带歉意地回答说："是吗？恭喜你有这么一个长寿的祖父。"于是双方满意告别。

要知道别人的年龄，直接询问也常会得不到好结果，尤其是问女性今年多少岁，简直会被对方认为是一种侮辱。被选为日本第一号保险推销员的原一平，就常用以下的方法问别人的年纪。

他先问对方："你看我今年有多少岁呀？"对方说："三十四五岁吧？"原一平就答："你猜中了，我今年三十四，你呢，我看是四十二三吧？"（故意把对方估计年轻一些）

"哪里，我今年四十八岁了。"

先用一种方法向对方示以敬意，就是间接法的经典之处。比方说，你看见一个妇女大腹便便，你与其问她“你怀孕啦？”就不如说“恭喜你！”

◎ 将你期待的问题放在最后

有人说，女性的心理真是难以捉摸，在邀请女孩子时，如果你先问：“去吗？”然后再问她：“不去吗？”可能百分之八十的女孩子会拒绝说：“算了吧！”因为女孩子总是比较含蓄和留有余地的，对于没有把握的事往往选择“不”。

知道了女孩子的这种心理，你在邀请女孩子时就不妨运用一点攻心上的技巧，即不妨先问她：“不去吗？”然后再问：“去吗？”增加她考虑答应的几率，情况就可能改观。

也有些女性总是难以开口说“不”，让你搞不清她的意思，你问她：“怎么决定？是去，还是不去？”她沉默不语。有位心理学家是这样说的：“女孩子的沉默不语，表示答应。”因此，你不妨这样问她：“怎么样，还是去吧？”除非她很快地开口说“不”，否则就表示默许了。

日本著名的心理学家多湖辉说过这样的话，根据人们选择后者的思维习惯，在有两个以上的选择时，将你所期待的问题放在最后，就能获得满意的回答。

他还举过这样一个例子：

某男演员是一个著名的花花公子。有一次，他在一家杂志上发表一段话，对于如何说服一名女性留下过夜，他用了这样的问法：“你是要回去呢？还是要住下来？”而绝不会问：“你是要住下来，还是要立即回去？”

你看了这段故事后，大概也会觉得这家伙确实有一手。

因为，当一名女性被自己喜欢的男性问及“是否要回去”时，心里便有安全感，因为对方似乎颇尊重自己，同时又因为期待落空而略感失望，便紧接着对方的“还是要住下来”的问话，又使失望感顿时消失，即使是不回答，也等于是答应了。

如果我们反过来先问“你是要住下来”的话，一般女性必定会产生警戒心，而接着又问“还是要回去”，使对方直觉感到是要回去，即使原本是愿意留下的，此时也不好说出口。

当然，在实际生活中，即使两个人的交往已经到了炉火纯青的地步，“是否住下”这一问题对女性而言，还是一个很大的问题，必然会产生紧张心理。第一种说法，表面上看似乎是尊重对方，其实不过是诱使女方的一种说辞。

我们在日常生活中也时常会遇上二者选择其一的情况。若是你想让对方选择自己所期待的，问话时最好将它置于后方。例如，在商店，当一位客人买了许多东西正要回去时，你便问他：“是要我帮你送过去呢？还是你自己带回去呢？”

大多数客人听了都会说：“还是我自己来好了。”

如此提问不但达到了你对他的关怀之意，同时又替自己省去了许多的时间和劳力。

◎ 封闭式提问 VS 开放式提问

向别人提问，通常有封闭式提问和开放式提问两种形式。每种形式的提问方式和提问对象也有所区别，在提问时要加以区别运用。

以下是封闭式与开放式问句类型举例：

1. 封闭式提问

例一：有相当程度的威胁性，令人不舒服

“上星期三，你上哪儿啦？”

“你有没有向××提那件事？”

例二：供对方任意选择

“你的专业是文科还是理科？”

“毕业后，你是去政府机关，还是到工矿企业？还是选择留校？”

例三：让对方进一步明朗态度

“你想办××那件事，决定了没有？有什么困难吗？”

“你说领导交给你的那项任务非常不好办，现在有没有勇气承担？”

例四：敦促对方表态

“一个共产党员，必须无条件服从革命需要，你说是吗？”

“学习刘翔的拼搏精神，就能克服困难，你说对不对？”

“他一贯表现很好，应不应该受到表扬？”

例五：参照式问句，用第三者的意见说服对手

“老李认为这事应该采取一定的措施确保完成，你以为如何？”

“经理说，今年把营业额提高10%，大家认为怎么样？”

2. 开放式提问

例一：使大家畅所欲言

“你对自己当前工作表现有什么看法？”

“你看我们承担任务应该怎样开展才好？”

“你对明年的工作计划有什么考虑？”

例二：征求意见

“公司经理说需要派一个人去洽谈业务，你愿意去吗？”

“工厂要搞一项技术革新，你在这方面有基础和经验，你愿意参加吗？”

“我校新兴学科缺乏教师，要公开招聘，你愿意报考吗？”

例三：探索式问话可以显示兴趣和重视

“你谈到在工作中遇到不少困难，你能不能告诉我主要有哪些？”

“你刚才讲不适合承担这项工作，你能进一步说明原

因吗？”

“你说小张有才华可以提拔重用，能不能进一步谈谈理由？”

例四：启发对方说出新看法

“现在接近年末了，你能不能谈谈对今年工作的评价？”

“你在报刊上发表了很多方面的学术论文，对于学术研究有什么窍门？”

“明年的物价可能还要上涨，你有什么看法和意见？”

◎ 如何提问让对方点头说“是”

美国电机推销员哈里森，讲了一件他亲身经历的有趣的事。

有一次，他到一家新客户的公司去拜访，准备说服他们再购买几台新式电动机。不料，刚踏进公司的大门，便挨了当头一棒：

“哈里森，你又来推销你那些破烂了！你不要做梦了，我们再也不会买你那些玩意儿了！”总工程师恼怒地说。

经哈里森了解，事情原来是这样的：总工程师昨天到车间去检查，用手摸了一下前不久哈里森推销给他们的电机，感到很烫手，便断定哈里森推销的电机质量太差，因而拒绝哈里森今日的拜访，推销更是无门啦！

哈里森冷静考虑了一下，认为如果硬碰硬地与对方辩论电机的质量，肯定于事无补。他便采取了另外一种战术，于是发生了以下的对话：

“好吧，斯宾斯先生！我完全同意你的立场，假如电机发热过高，别说买新的，就是已经买了的也得退货，你说是吗？”

“是的。”

“当然，任何电机工作时都会有一定程度的发热，只是发热不应超过全国电工协会所规定的标准，你说是吗？”

“是的。”

“按国家技术标准，电机的温度可比室内温度高出42℃，是这样的吧？”

“是的。但是你们的电机温度比这高出许多，喏，昨天差点把我的手都烫伤了！”

“请稍等一下。请问你们车间里的温度是多少？”

“大约24℃。”

“好极了！车间是24℃，加上应有的42℃的升温，共计66℃左右。请问，如果你把手放进66℃的水里会不会被烫伤呢？”

“那——是完全可能的。”

“那么，请你以后千万不要去摸电机了。不过，我们的产品质量，你们完全可以放心，绝对没有问题。”结果，哈里森又做成了一笔买卖。

哈里森的成功，除了因为他的电机质量的确不错以外，他还利用了人们心理上微妙的变化。

当一个人在说话时，如果一开始就说出一连串的“是”字来，就会使整个身心趋向肯定的一面。这时全身呈放松状态，容易造成和谐的谈话气氛，也容易放弃自己原来的偏见，转而同意对方的意见。这样你就可以按照事先设想的回话，引导对方顺着你的思路走，达成自己的意愿。

使用让对方说“是”的提问方法，有几点要特注意：

1. 一定要创造出对方说“是”的气氛，要千方百计避免对方说“不”的气氛

因此，提出的问题应精心考虑，不可信口开河。

例如，一推销员与客户之间发生了一场对话：

“今天还是和昨天一样热，是吗？”

“是的！”

“最近通货膨胀，治安混乱，是吗？”

“是的！”

“现在这么不景气，真叫人不知如何是好！”

这一类问题虽然很正常，不论推销员如何说，对方都会回答“是的”，好像已经创造出肯定的气氛，可是注意他说话的内容，却制造出一种让人无心购买的否定悲观的气氛。

也就是说，客户在听到他的询问后，会变得心情沉闷，当然什么东西也不想购买了。

2. 要使对方回答“是”，提问题的方式是非常重要的

什么样的发问方式比较容易得到肯定的回答呢？最好的方式

应是：暗示你想要得到的答案。

比如，在推销商品时，不应问客户喜不喜欢，想不想买。因为你问他“你想不想买”“喜不喜欢”时，他可能回答“不”。因此，应该问：“你一定很喜欢，是吧？”

当你发问而对方还没有回答之前，自己也要先点头，你一边问一边点头，可诱使对方做出肯定回答。

◎ 只给出一个选择答案：Yes 或 No

有一个朋友，他的女儿才貌双全，许多条件很好的男人向她求婚，都被她拒绝了。

并非她不想结婚，而是她想到结婚以后，必须走进厨房，每天为柴、米、油、盐之类的事情烦心，就退缩了。

但是有一年，突然出现了一个让她决定出嫁的男士。

这个男士既能干又有钱，只是长得不英俊。每一次约会她都是在不知不觉中答应的。后来渐渐地了解了他的工作，也和他的家人见了面。

当有一天，她突然觉醒时已经太迟了，因为订婚戒指已牢牢地套在她左手的无名指上。

每次问她怎么会嫁给他时，她总是开玩笑地说：“我是上了他心理战的当。”

有时又会说："可能一切都是命。"

也许因为说了这些话，而引起了她继续说下去的兴趣，她谈起了他们是如何开始约会，又如何闪电般迅速结婚的。现在将她听说的话，掺杂了个人的想象，认为他们第一次约会时对话可能是这样的：

"网球和电影，你喜欢哪一种？"

"我喜欢看电影。"

"国产片和外国片，你是喜欢外国片？"

"是的，但是华星国际影城正在上演张艺谋导演的新片，虽然是国产片，我也很想看。"

"这样好了，这个礼拜天我们一起去看。"

这个女孩不假思索，轻松地答道："好吧！我们去看。"

然后，他们就经常一起看电影。

刚开始时，这个女孩根本没有想过要和这个男士约会，但事后想起来，当时男士问的问题中，她好像没有回答"No"的余地，都是说"Yes"或"OK"的。本来在一开始约会时，其内容都会有"Yes"和"No"的选择，如果是"Yes"的话，那么在以后的约会中，就会谈有关"Yes"的内容，或A和B问题中的内容，而这个男士提问时，几乎无视这一点，他只让她从A或B中来选择"Yes"或"No"。

虽然，她在这场心理战中失败了，所幸的是她建立了一个幸福的家庭，所以也就没有什么关系。

◎ 诱惑对方，肯定自己

在《孟子》中有一段这样的精彩论辩。

孟子进见齐宣王，问："你曾经告诉庄暴说您爱好音乐，有这么回事吗？"

齐宣王有些不好意思，只得据实而说："我并不是爱好古代音乐，只是爱好一般的流行音乐罢了。"

"只要您非常爱好音乐，那齐国便会很不错了。无论您爱的是现在的流行音乐，还是古代的音乐都是一样的。"

齐宣王说："这个道理可以说给我听听吗？"

孟子说："一个人单独地欣赏音乐的快乐，跟大家一起欣赏音乐的快乐，究竟哪一个快乐呢？"

齐宣王说："当然是跟大家一起欣赏更快乐。"

孟子说："跟少数人欣赏音乐的快乐，跟多数人欣赏音乐的快乐，究竟哪一种更快乐呢？"

齐宣王说："当然是跟多数人一起欣赏更快乐。"

孟子立即接着说："那么，就让我和你谈谈欣赏音乐和娱乐的道理吧！假使国王在这儿奏乐，老百姓听到鸣钟击鼓、吹箫奏笛的声音，却感到头痛，愁眉苦脸地议论纷纷，我们的国王这样爱好音乐，为什么我们苦到这般地步呢？这没有其他原因，就是因为国王只图个人的快乐而不和百姓一起快乐的缘故；假使国王在这儿奏乐，老百姓听到了鸣钟击鼓、吹箫奏笛的声音，全都眉开眼笑地互相告诉：我们的国王大概很健康吧！要不怎么够奏乐呢……这没有别的原因，只是因为国王和百姓一同娱乐罢了，如果国王能和百姓一同娱乐，就可以使天下归服了。”

孟子在这段论辩中就用了因势利导的提问说服术，当他听说国王喜爱音乐时，就从此下手，用一个个问句，一步一步疏导，最后得出结论：如果国王能和百姓一同娱乐，就可以使天下归服了。从而达到了说服齐宣王与民同乐的目的。

“因势利导”出自《史记·孙子吴起列传》，原文是“善战者因其势而利导之”。和领兵作战一样，在辩论中因势利导的辩术同样有着很大的作用。“势”，就是对方思想发展的趋势，“势”是导的条件，只有找到“势”才能进行“导”。“导”则是疏导，就是在说服中顺着对方思维发展的趋势，由浅入深提出一系列问题，逐渐否定对方的观点，最后得出正确的结论。

诱导对方否定自己，也就是对自己话题的肯定。巧妙提问，因势利导，说服才能水到渠成。

CHAPTER 5

别让不好意思回绝害了你

当你正埋头于繁忙的工作中，同事却请你帮他设计一个方案，你会怎么做？当你满身疲惫地回到家里，朋友却要你和他一起去买一件衣服，你会怎么回答？当你头晕脑涨，上司却要你去参加一个客户酒会，你会怎么回答……

面对种种意外请求，一口回绝会让人难堪，若不回绝自己又有苦难言。那么，如何回绝才能既让自己从容抽身，又能让对方知趣而退，从而让双方皆大欢喜呢？

◎ 别再不好意思说“不”

在生活中，处处需要说“不”。比如，双休日你正在家休息，推销员不期而至，说什么“给您送礼来了”，软磨硬缠推不出门；电话铃忽然响了，是某家电器公司的推销人员，向你介绍一种最新产品，是如何的物美价廉；你本来经济就有点紧张，却有朋友告诉您“要结婚了，我们是否祝贺一下”“刚生了个小孩，我们去看看吗”；当你正在办公室聚精会神地工作，来了一位工作刚告一段落的同事对你说：“休息一下，别那么累。”刚送走这位先生，又来一位聊天的同事，如果你对他们都热情地奉陪到底，这半天就泡汤了，什么事都做不成了。对付“聊天客”，你可以说：“真抱歉，今天是我近来最忙的一天，再累都不敢休息。”稍微知趣者，会立即退出办公室。所以说，在生活中善于说“不”，是摆脱一切干扰的回绝艺术。

国外研究拒绝艺术的专家强调，要建立这样一种意识：“你有权利说‘不’，你不必因为对人回绝了一件事而感到不好意思。”这样，你在回绝时就会心情坦然、举止大方、态度明朗，避免被误解和猜疑。即使对方开始会对你的回绝产生一点失望和遗憾，但由于你的态度表情向对方表明你是坦诚的，使对方受到感染，容易弱化对方心中的不快。如果你自己都觉得回绝不应该，心里发虚，那么你的态度表情就会迟疑不决，对方也会觉得你回绝的理由是不可信的。

在服装店，你在挑选一件衬衣，样式和做工都令人满意，但在价钱上你却觉得不够理想，但看到售货员的热情服务，使你不好意思不买它。售货员就是利用你这种心理，越是看到你在犹豫，就服务得越热情越周到，帮你量好尺寸、试大小，甚至动手包装好，放进你的购物袋里，造成既成事实。

初次交女朋友，你也许会感到左右为难，因为她的长相实在让人爱不起来，但是，由于是你的上司介绍的，或者是上司的女儿，使你在回绝上产生了犹豫，虽然每次会面都使你感到不舒服、不愉快，恨不得马上逃得远远的，但你一想到姑娘的身份、上司的威严，你就不得不仔细斟酌。姑娘却对你一见倾心，脉脉温情，你的上司也觉得好事可成。随着时间的推移，你一再丧失回绝的机会，勉强从事，这样的婚姻是不会幸福的。

不知生活中有多少人因为不好意思说出那个“不”字，而买了不称心的衬衫，娶了自己不喜欢的姑娘，答应了自己办不到的事情，耽误了自己不应该耽误的约会。

很多人在想要回绝对方的时候，会产生一种不好意思的心理，不好意思开口说“不”。这种心理阻碍了人们把回绝的话说出口。由于这种矛盾的心情，态度上就不那么热心，说话吞吞吐吐，欲言又止欲藏又露。在这种心理的制约下，最终往往是依照对方的意图行事。即使回绝了对方，其态度也容易使对方产生误解，认为你成心拿架子，不够朋友。因此，要想使自己在工作和社会交往中，不致惹出许多麻烦，首先要克服这种“不好意思”的心理障碍。

◎ 该回绝的时候就要回绝

钱钟书先生曾把社会上流行的祝寿、纪念会和某些所谓学术讨论会一概拒之门外，而且毫不客气地一连说出七个“不”：“不必花些不明不白的钱，找一些不三不四的人，说些不痛不痒的话。”钱老夫子决不媚俗，该拒则拒，决不留情。

美国前总统塔夫脱曾讲过这样一个发生在他身边的故事：

“一位居住在华盛顿的妇人，她的丈夫很有些政治势力，她要求我为她的儿子安插一个职位。她不断向我提出请求，而且还托两院中的几位议员帮她说话。可是，她要求给他儿子的是一个充任总统秘书而且专司咨询两院议事的职位，这个职位只有具有一定专业知识的人才能胜任，她的儿子，实在担当不了这个职务，所以后来我另外派了一个人去接任。这样一来她就感到大大的失望，立刻给我写来一封信，说我不懂世故人情，说她曾努力劝说某一州的代表，让他们赞同我提出的某一项重要法案，她对我这样帮忙，而我仅需举手之力，就可以完成她的心愿。

“我接到她的信，把这封信先搁置了两天，然后再取出来平心静气地写复信。我对她表示了同情，说做母亲，遇到了这样的事，当然是十分失望。再说关于用人是不能完全由我做主的；因为技术人才，我只能听该部门领导的推荐，最后说了说她的儿子在现在这个岗位上一样可干得很好的话。这一封信总算使她静了下来，过后她又给了我一封短札，说明前信所言应该抱歉。

“我所委派的人并没有马上就去接任，所以过了几天，我又接到了一封是她丈夫署名的信，但是，笔迹完全和前封信一样。这封信中说他的妻子为了儿子职位的事而忧闷成疾，医生诊断，恐怕是一种很严重的胃病。如果要使她健康恢复，最好把前次委任的那个人撤回而另行改为她的儿子。

“因此，我又给她丈夫回了一封信，信中说希望医生的诊断有误，同时，再同情他为了夫人的病而忧戚。至于撤回前次所委派的人，那是在朝令夕改，事实上是不可能的。

“此事不久，我委任的人就到任了。又过了两天，我在白宫中开了一个音乐会，第一对到会的客人，就是那位妇人和她的丈夫。”

上例中塔夫脱一连三次回绝，每次在回绝上都义正词严，而对于之外的话题则给予了妇人很大的同情和理解，所以他们在事情过去之后，仍能保持良好甚至是更好的交往关系。这无疑得益于塔夫脱对这件事得当的处理方法和简洁而不乏情意的回绝之辞。

因此，我们在社交中回绝某些事时，不要为了回绝而说一大堆理由，有些事不行就是不行，简明说出理由，然后不乏情义地回绝它，才是上上之策。

◎ 别软弱，理直气壮地回绝

与别人相处往来，面对别人的不合理或过分的要求，如果你不好意思说“不”，不敢回绝，就会使自己处处陷入被动的局面，难以实现人生的愿望，甚至沦为别人操控的工具。

对于别人的不当要求，要勇于拒绝，该回绝的时候就理直气壮地回绝。

1. 斩钉截铁地表明你的态度

即使在可能会有些无奈的场所，也需要态度明确地对某些服务员、售货员、陌生人说出拒绝的回话，对蛮横无理的人要以牙还牙。你必须在一段时间内克服自己胆怯的习惯，坚持一下，你就会发现，事情本该如此！你只要从此中获得一次成功，就一定会鼓起你的勇气。注意，这时你该大声点！当然“君子动口不动手”，你只不过为了维护自己的利益，跟他们没仇。

2. 不再说那些让别人来欺负你的话

“我是无所谓的”“你们决定好了”“我没有这个本事”，等等，这类“谦恭”的推托之辞就像为其他人利用你的弱点开绿灯。当卖菜人让你看秤时，如果你告诉他你对这事一窍不通，那你就等于告诉他“多扣点秤”，这种事情随时随地都可以发生——如果你不介意的话！

3. 敢于说“不”

干脆地表明自己的否定态度，会使人立刻对你刮目相看。事实上，与那种遮遮掩掩、隐瞒自己真实感受和想法的态度相比，人们更尊重那种毫不含糊的回绝。同时，你也会从这种爽快的回答中，感到自信又回到了自己心中。欲言又止、支支吾吾的态度，只会给人造成“误解”。

4. 对盛气凌人者毫不退让

当碰到随意插嘴、强词夺理、爱吹毛求疵、令人厌烦、多管闲事的人使你难堪时，要勇敢地指明他们的行为不合理之处，并严肃地对他们说“你刚刚打断了我的话”“你的歪理是根本行不通的”“以你的逻辑推敲，地球就不是圆的了”，等等。这种策略非常有效。它告诉别人，你对不合情理的行为感到厌恶。你表现得越平静，对那些试探你的人越是直言不讳，你处于软弱可欺地位上的时间就越少。

5. 告诉人们，你有人身自由

不要去听从那些并非命令的命令，休息之余你自己想做什么就做什么，出差办事也大可不必抱住别人的大件行李，而让他悠然自得地在前头漫步。违背自己意愿的事不要去做。自己想做的事，只要不违法违纪，尽管去做，不要怕别人的冷嘲热讽。

生活把你改造成为一个“软弱可欺”的弱者，但是经过你的努力，你一定能够变为强者。

◎ 用好说“不”这门回绝艺术

在生活中，对来自亲戚朋友、上司同事的一些不合理请求，要学会一些回绝的技巧。假如我们担心别人埋怨我们不近人情，怕人们说我们不愿帮助人，怕伤害别人的自尊心或怕给人带来不愉快和麻烦，便轻易答应别人一些事情，结果反而使自己陷于无穷的烦恼和纠缠中不能自拔，这样不只浪费了自己的时间，还浪费了自己的精力，伤害了自己与别人之间的感情。因此，我们要学会说“不”，善于回绝别人。

1. 首先为说“不”字而表示歉意

当你要回绝朋友的求助时，首先态度要温和，尽管说“不”是自己的权利，仍须先说“非常抱歉”或者说“实在对不起”，然后再详细陈述自己不能“帮忙”的各种理由。这样，朋友在感情上就能接受，从而避免一些负面影响。

让朋友在感情上体会到，你回绝的是这件“事”，而不是

“人”。使朋友感觉这件“事情”虽然被回绝了，而他和你还是要好的朋友。你可以如此说：“这件事我非常乐意干，只是不巧，我现在手头正在做一个急件，下次您再有这样的美差，我一定干。”你还可以这样说：“这几天我实在脱不开身，您是否请老张来帮忙，他在这方面业务比我精通，您若是不便于找他，我可以代您向他求助。”

2. 委婉地回绝朋友

不要生硬地回绝朋友的求助，应该让朋友意识到你是为了他的“利益”而回绝的。你可以这样说：“我非常同情您，也非常想帮助您，但对这件事我并不在行，一旦干坏了，既耽误了工作，又浪费了财物，影响也不好。您不如找一个更稳妥的人办。”或者说：“您的事限定的时间太短了，我若轻易接下来，在这么短的时间内，肯定干不好。您可以先找别人，实在不行了咱俩再商量。”这位朋友即使转了一圈回来再求你，你已有言在先，这时你就可以提出一些诸如推迟完成日期之类的条件。如果这位朋友认为不行，他自己就会另请高明去了。

如果朋友请求帮助的事的确思考不周，你可以耐心地实事求是地给朋友分析这件事办与不办的利弊。让朋友自己得出“暂时不办此事”的结论。

3. 在工作中学会回绝

工作中每个人都有自己的任务，虽然帮助同事是种好的品质，但若妨碍了自己的工作则应该学会回绝。

当然，回绝他人不是件容易的事，需要一些技巧。例如，回绝接受不善体谅他人而又十分苛刻的上司的要求，通常都被视为不可能的事。但是，有些老练的时间管理者却深谙回绝方法，经常将来自上司的原已过多的工作，按轻重缓急编排办事优先次序表，当上司提出额外的工作要求时，即展示该优先次序表，让上司决定最新的工作要求在该优先次序表中的恰当位置。这种做法具有三个好处：

第一，让上司做主裁决，表示对上司的尊重；第二，行事优先次序表既已排满，任何额外的工作要求都可能令原有的一部分工作无法按原定计划完成，因此除非新的工作要求具有高度重要性，否则上司将不得不撤销它或找他人代理，就算新的工作要求具有高度重要性，上司也不得不撤销或延缓一部分原已指派的工作，以使新的工作要求能被办理；第三，部属若采取这种回绝方式，可避免上司误会他在推卸责任。因此，这是一种极为有效的回绝方式。

◎ 回绝，但不使人难堪

在你日常的工作和生活中，很可能也会遇到下列情形：

一个素行不良的熟人来缠住你，非要向你借钱不可，但你知道，如果借给他便是肉包子打狗一去不回头；你的顶头上司在增减人员上向你提出一些建议，但是这些建议又不符合公司现实情况。

诸如此类的事你必定要加以回绝，可是回绝之后，就要伤和气，引人恶感，被人误会，甚至积怨。

要避免这种情形发生，唯一的方法便是运用些聪颖的智慧，让对方从你的回话中感受到你的拒绝之意，知趣而退，这样既拒绝了别人的要求，又不伤别人的脸面。

在德国某电子公司的一次会议上，公司经理拿出一个他设计的商标征求大家的意见。

经理说："这个商标的主题是旭日。这个旭日很像日本的国徽，日本人民见了一定乐于购买我们的产品。"

营业部主任和广告部主任都极力恭维经理的构想，但年轻的销售部主任说："我不同意用这个商标。"经理听了感到很吃惊，全室的人都瞪大眼睛盯住他。

年轻的销售部主任没有同经理争论那个带红圈圈的设计是否雅观，而是说："我恐怕它太好了。"

经理感到纳闷，脸上却带着笑说："你的话叫我难理解，解释来听听。"

"这个设计与日本国徽很相似，日本人喜欢，然而，我们另一个重要市场中国的人民，也会想到这是日本国徽，他们就不会引起好感，就不会买我们的产品，这不同本公司要扩展对华贸易营业计划相抵触吗？这显然是顾此失彼了。"

“天哪！你的话高明极了！”经理叫了起来。

年轻主任用一句“我恐怕它太好了”先抚平了经理的不快，使他不失体面。后来他用更充分的理由，提出反对经理的意见，经理也就不会感到下不了台。

在向别人表示你的反对或回绝时，一定要有充分的理由，同时还要注意技巧，既回绝了别人，又不使人难堪。

◎ 滴水不漏的回绝5法

回绝是难免的，遭到回绝又是不愉快的。诚恳的态度、得体的用语可以把这种不快减少到最低限度，并得到对方的谅解和认可。

1. 诱导法

甲向乙打听机密事件，乙神秘地问：“你能保密吗？”甲说：“能。”乙接着说：“你能，我也能。”

2. 推托法

“前几天经理刚宣布过，不准任何客户进仓库，我怎能带你去呢？”

“这个问题涉及好几个人，我个人决定不了。我把你的要求带上去，让人事部讨论一下，过几天答复你，好吗？”

“这件事我做不了主，我把你的要求向领导反映一下，好吗？”

3. 委婉法

“这个设想不错，只是目前条件不成熟。”

“这倒是个好办法，但我的上司恐怕接受不了。”

“主意不错，可惜我那天正好出差在外。”

4. 隐晦法

“小伙子，我真难以想象公司少了你会怎样，不过我从下星期一开始想试试看。”

“贵公司地理环境不太好，我看另一家公司可能更适合举办这次活动。”

5. 虚实法

问：“中国能拿几块金牌？”答：“到时候就知道了。”

问：“有人认为贵公司不可能按时交货。”答：“他们有充分的言论自由，他们想怎么说，就怎么说吧。”

◎ 恰到好处的回绝 7 招

怎样才能既回绝了别人又不会得罪他，不恶化相互关系呢？这里列举7种既恰到好处又不失礼节的回绝妙招：

1. 幽默诙谐式

著名导演希区柯克在执导一部影片时，有位女明星老是向他提出摄影角度问题，她左一次右一次地告诉希区柯克，一定要从她最好的一侧来拍摄。“很抱歉，我做不到！”希区柯克回答：“我们拍不到你最好的一侧，因为你把它放在椅子上了。”他的话，引得在场的人都笑弯了腰。

招式妙诀：通常，幽默的语言可以调节气氛，并且能让对方在笑过之后得到深刻的启示，如果以幽默的方式来回绝，气氛会马上松弛下来，彼此都感觉不到有压力。

2. 热情友好式

一位青年作家想同某大学的一位教授交朋友，以期今后在文艺创作和理论研究方面携手共进。作家热情地说：“今晚6点，我想请你在海天楼餐厅共进晚餐，我们好好聚一聚，你愿意吗？”事情真凑巧，这位教授正在忙于准备下星期学术报告会的讲稿，实在抽不出时间。于是，他亲热地笑了笑，又带着歉意说：“对你的邀请，我感到非常荣幸，可是我正忙于准备讲稿，实在无法脱身，十分抱歉！”他的回绝是有礼貌而且愉快的，但又是那么干脆。

招式妙诀：如果你想对别人的意见表示不同意，请注意把你对“意见”的态度和对人的态度区分开来，对意见要坚决回绝，对人则要热情友好。

3. 相互矛盾式

春秋时，鲁国相国公仪休喜欢吃鱼，因此全国各地很多人送鱼给他，但他都一一婉言谢绝了。他的学生劝他说：“先生，你这么喜欢吃鱼，别人把鱼送上门来，为何不要了呢？”公仪休回答说：“正因为我爱吃鱼，才不能随便收下别人所送的鱼。如果我经常收受别人送的鱼，就会背上徇私受贿之罪，说不定哪一天会免去我相国的职务，到那时，我这个喜欢吃鱼的人就不能常常有鱼吃了。现在我廉洁奉公，不接受别人的贿赂，鲁君就不会随随便便免掉我相国的职务，只要不免掉我的职务，就能常常有鱼吃了。”听了先生这番话，学生若有所悟地点了点头。

招式妙诀：当别人向你提出使你感到为难的要求时，你不妨先承认他的要求可以理解，你同时也希望满足他的要求，但接着说出不容置疑的客观原因，从而回绝他的要求。

4. 相反建议式

有这样一则对话：

小李：“小张，王经理让我把这些资料整理好，但我怕做不好，你能帮我完成吗？”

小张：“我很愿意帮你的忙，不凑巧得很，我自己的那份工作还没干完。其实以你的能力和素质是完全可以做好那件事的。你不妨先干着，也许我能帮你干点别的什么。”

小李：“那好吧！谢谢你啊！”

招式妙诀：小张的这一番话说得非常妙，如此既有回绝，又有相反的建议，建议他先干着，对方还有什么话好说呢？相反，如果小张本能地回答“你的事我可不在行”，就是很不好的回绝方法，很容易伤了同事之间的和气。

5. 岔开话题式

林肯曾经有一次巧妙的回绝：一个秃头的来访者对林肯纠缠不休，浪费了他不少时间。为了摆脱他的再次打扰和纠缠，林肯想出一个妙方。在那人第二次来访时，他故意打断对方的话，匆忙拿出一瓶生发药水送给对方："人们都说这种药水可以使脑袋长出头发来。现在你把它拿走吧，过几个月再来看我，告诉我效果如何。"那人有点尴尬，但看林肯诚心诚意的样子，只得拿起药水走了。林肯的这一招确实高明，不仅一下子把对方打发走了，还使对方不好意思在短期内再来打扰他。

招式妙诀：当别人向你提出某种要求时，他们往往通过迂回婉转的方式，绕个大弯子再说出原意，如果你在他谈到一半时就知道了他的意图，并清楚自己不能满足他的愿望时，不妨把话题岔开，说些别的。让他知道这样做只会使你为难，他也就会知难而退了。

6. 反弹式

在《帕尔斯警长》这部电视剧中，帕尔斯警长的妻子出于对帕尔斯的前程和人身安全考虑，企图说服帕尔斯中止调查一位大人物虐杀自己妻子的案子。最后她说："帕尔斯，请听我这个做妻子的一次吧。"他却回答说："是的，这话很有道理，尤其是我的妻子这样劝我，我更应该慎重考虑。可是你不要忘记了这个坏蛋亲手杀死了他的妻子！"

招式妙诀：别人以什么样的理由向你提出要求，你就用什么样的理由进行回绝，让对方无话可说。

7. 寻找出路式

例1：甲：您就帮我把这件事办了吧！

乙：这件事我实在没有时间帮你去办了，你不妨去找××试试。

例2：甲：这份资料，我能借用几天吗？

乙：对不起，这份资料我这几天还要用，不过图书馆里还有一份没有借出去，你赶快去还可以借到。

招式妙诀：当对方确有为难之事求助于你，你又无法承担或不想插手时，可以用为对方另找其他出路的方法，来弱化可能产生的不愉快。对方有了其他“出路”，就会对你的回绝不在意了。

◎ 这样谢绝，人人都感谢你

若别人有求于你，而你出于各种原因不能接受，又不好直说“不行”“办不到”，怕因此伤害对方的自尊心；若对方提出一些看法，你不同意，既不想讲违心之言，又不愿直接反驳对方；若你看不惯对方的行为，既想透露内心的真情，又不愿意表达得太直露，以免刺激对方。要想处理好上述社交中经常出现的情况，就要在社交活动中学会巧妙委婉的回绝，根据不同的情境说“不”。

1. 非个人原因的谢绝

对人说“不”，最困难的就是在不便说出真实的原因时又找不到可信而合理的理由，那么，不妨在别人身上动动脑筋，比如借口你的家人方面的原因。在这种情况下，要回绝、制止或反对对方的某些要求、行为时，可采取假托由于非个人的原因作为借口从而加以回绝，这样对方就容易接受。

当一个推销员敲她家门时，她的态度礼貌而坚定：“谢谢你的好意，可我丈夫不让我在家门前买任何东西。而不是因为我不愿意掏腰包。”这样一来，推销员既不会因为她没买他的东西而怨恨她，同时也感到再说下去也是白费口舌，因为问题不在于她，而在于那个他并未晤面的丈夫，于是，他只好作罢。

2. 情非得已的谢绝

当有人真心请求你的帮助时，在力所能及的范围内，应该尽量给予帮助。但碰上实在无能为力的事，你无法给予对方帮助时，也不要急于把“不”字说出口，不要使对方感觉到你丝毫没有帮助他解决困难的诚意，否则，你在别人眼中会是一个自私而缺乏同情心的人。

保险公司的小李是处理协调客户赔偿要求事务的，小李的工作决定他要经常地回绝客户的要求。然而，他总是对客户的要求表示同情，并解释说，从道义上讲他同意对方的要求，可自己实在是心有余而力不足。由于回绝得法，小李的工作做得很出色。同样，当别人有求于你而你又无能为力时，先不忙回绝他，而要耐心地倾听他的陈述，对他所处的困境表示同情，甚至可以给他提些建议，最后告诉他，你实在无法帮他，对方绝不会因此而生气，反而会被你的诚意所感动。

3. 谢绝后指明方向

这一点对担任一定领导职务的人尤其重要。比如你的下属向你提出的要求被你回绝后，你不妨告诉你的属下他的努力方向，使他始终看到希望，与此相比，你的回绝就显得微不足道了，不会挫伤他的自尊心，也不会伤害你与属下之间的感情了。

《成功的人际关系》一书的作者、美国的威廉·雷利博士在谈及怎样处理下属希望晋职而他本身的条件又不够的情况时，曾建议企业主管这样说：

“是的，乔治，我理解你希望得到提升的心情。可是，要得到提升，你必须先使自己变得对公司更重要。现在，我们来看看你对此还要多做点什么……”

4. 用拖延谢绝

一位女友想和你约会。她在电话里问你：

“今天晚上八点钟去跳舞，好吗？”

你可以回答：“明天再约吧，到时候我给你去电话。”

你的同事约你星期天去钓鱼，你不想去，可以这样回答：

“其实我是个钓鱼迷，可自从成了家，星期天就被妻子没收啦！”

5. 用沉默谢绝

当别人问："你喜欢阿兰·德隆吗？"你心里并不喜欢，这时，你可以不表态，或者一笑置之，别人即会明白。

一位不大熟识的朋友邀请你参加晚会，送来请帖，你可以不予回复。它本身说明，你不愿意参加这样的活动。

6. 用回避谢绝

你和朋友去看了一部拙劣的武打片，出影院后，朋友问："你觉得这部片子怎么样？"你可以回答："我更喜欢抒情点的片子。"

你正发烧，但不想告诉朋友，以免引起他的担心。朋友关心地问："你试体温了吗？"你说："不要紧，今天天气不太好。"

7. 用模糊语言谢绝

外交官们在遇到他们不想回答或不愿回答的问题时，总是用一句话来搪塞："无可奉告。"生活中，当我们暂时无法说"是与不是"时，也可用这句话。还有一些话可以用做搪塞，如"天知道。""事实会告诉你的。""这个嘛……难说。"等等。

当我们羞于说"不"的时候，请恰当地运用上述方法。但是，在处理重大事务时，来不得半点含糊，应当明确说"不"。而在朋友的真心求助下，则不能用说"不"的方法应付，应尽力竭尽所能，若实在违反原则和自己力不能及时，才好说"不"。

◎ 为你的推辞找个理由

在日常的交际活动中，你一定经常遇到这样的问题：一位朋友突然开口，让你帮他做一项难度很高的事情。答应下来吧，可能要连续几个晚上加班才能完成；推辞吧，面子上实在抹不开，毕竟是多年的朋友了。应该怎么找一个既不会得罪朋友又能把这项工作顺利推出去的理由呢？

有人会直接回答说："不行，就是不行！"这绝对不是最佳的选择，可能会让你的朋友心生不快，你们之间的友情变淡。有人会推托说："我能力不够，其实小A更适合。"那你有没有想过当有人把你这番话说给小A听时，他会做何反应？有人会不好意思地说："我真的忙不过来。"理由不错，可是只能用一次，第二次再用时，你面对的一定是朋友疑惑的眼光。这些好像都不是最佳推辞理由，那到底该怎样婉转地推辞朋友的不合理请求呢？

在这里提供一些方法。

首先在你决定推辞之前，要注意倾听他的诉说。比较好的办法是，请对方把处境与需要讲得更清楚一些，自己才知道如何帮助他。接着向他表示你了解他的难处，若是你处于同样的境地，也一定会如此。

当你仔细倾听了朋友的要求，在可以说推辞的时候，“不”的态度必须是温和而坚定的。好比同样是药丸，外面裹上糖衣的药，就比较让人容易入口。同样地，委婉表达推辞，也比直接说“不”让人容易接受。例如，当对方的要求明显不合理时，你就要委婉地表达自己的态度，并暗示他在自己精力有限、爱莫能助的前提下，要让他清楚如果帮他这个忙，会耽误自己正在进行的工作，会对自己的工作和生活产生较大的不良影响。一般来说，朋友听你这么说，一定不会再勉强你，转而想其他办法。

推辞时除了可以提出替代建议，隔一段时间还要主动关心对方的情况。有时候推辞是一个漫长的过程，对方会不定时提出同样的要求。若能化被动为主动地关怀对方，并让对方了解自己的苦衷与立场，可以减少推辞的尴尬与影响。推辞除了需要技巧，更需要发自内心的耐心与关怀。若只是敷衍了事，对方其实能看得出来。这样会让人觉得你不是个诚恳的人，对人际关系伤害很大。

总之，只要你是真心地说“不”，对方一定会体谅你的苦衷。

◎ 说不有底线，拒绝不犯忌

说“不”不是想说就能说的，说“不”也有许多禁忌：

1. 忌拖延说“不”的时机

有些人觉得不便说“不”，便随便找些不值一驳的理由来暂时搪塞对方，以求得一时的解脱。这个方法并不好，因为对方仍可以找理由跟你纠缠下去，直到你答应为止。比如：

你不想答应帮他做事，推说：“今天没有时间。”

他就会说：“没有关系，你明天再帮我做好了，事情就拜托你了。”

又如：

你不想要对方想转让给你的一件衣服，你可以推说：“钱不够。”

那么对方会说：“钱以后再说。”就把你轻易应付过去了。

或者你不愿意跟对方跳舞，推说：“我跳不好。”

那么他一定会说：“没关系，我慢慢带着你跳。”

2. 忌与对方套近乎

给人以“敬而远之”的态度，比较容易把“不”说出来并说得较好，或者说，对方试图与你套近乎，你要保持头脑清醒，以免做了感情俘虏，给对方可乘之机。一般说来，见一次面就能记住别人名字的人，常容易与人接近，故此，在交谈中不断称呼别人名字，并冠之以“兄”“先生”等词语，这易产生亲近感。那么，反过来你想说“不”时，便应杜绝这种亲密的表示，即对方的名字一概不提，这样加大与对方的心理距离，容易说“不”。还有，谈话时尽量距离对方远些，使其不容易行使拍、拉等触动性的亲密动作。据心理学家研究，“触动”是很容易产生共同感受的，所以想说“不”时应注意避免。另外，最好也不要触摸对方递出来的东西。东西也和人一样，一经“触摸”也会产生“亲密感”，想要回绝就不容易了。

因为这些都是小小的谎言，一经反驳，你定有所慌乱，“不”的意志便很难贯彻了。所以对付这种情况，你倒不如直截了当地用较单纯的理由明确地告诉对方：

“你托办的这件事办不到，请原谅。”

“这件衣服的颜色我不喜欢，很抱歉。”

“我已经另约了舞伴，不能跟你跳，对不起。”

等等。这样虽说显得生硬些，但理由单纯明快，不给对方可乘之机，倒可以免除后患。

3. 忌优柔寡断

回绝别人时，要坦诚明朗，不要优柔寡断。当然，这并不是主张在任何情况下，对任何人都直来直去地说出这个“不”字。对于那些自尊心较强、反应敏感或是“脸皮薄”的人来说，只婉转地表述回绝的理由，而不说出回绝的话会更好一些。因为对方会从你的话音中体察到你回绝的意图，做出相应的反应来。这种拒而不言绝、诿而不言推的方式，可以避免使对方感到下不来台、丢面子，避免破坏交往的好气氛。比如，当朋友在你正要出门时来访，你在表示欢迎的同时可以说一句：“你来得真巧，稍晚一会儿定会扑空！”这等于暗示对方，你马上要出门办事。如果对方是知趣的人，便会简短地说明来意后很快告辞，或者另约时间再访。这比由你发出明确的“逐客令”要好得多。需要注意的是，你的暗示必须含义清楚，使对方易于觉察。

4. 忌说话绵软无力

回绝别人时若说话绵软无力甚至哼哼叽叽半天讲不清楚，会让人很容易产生一种厌恶感，认为你不是帮不了他，而是根本不想帮他，因为一般而言只有心虚的人才会如此吞吞吐吐。

5. 忌热情过头

既是回绝别人就认真说出理由，之后无论表示惋惜也好，无奈也好，别人不乐意，但也不能对你的回绝妄加指责，但你若为了弥补对方，一个劲“可惜可惜”“下次下次”“一定一定”，则未免有些虚伪。

6. 忌针对人说“不”

无论以何种方式说“不”，都是针对事件本身的回绝，而不是对当事人个人的否定。

某造纸厂的推销员上某单位推销纸张。推销员找到熟悉的这个单位的总务处长，恳求他订货。总务处长彬彬有礼地说：“实在对不起，我们单位已同某国营造纸厂签了长期购买合同，单位规定不再向其他任何单位购买纸张了，我也应按照规定办事。”因为总务处长讲的是任何单位，就不仅仅针对这个造纸厂了。

CHAPTER 6

谈话不怯场，回话不冷场

巩俐有次在香港接受访问，有个记者问道：“您觉得自己漂亮吗？”这时候回答“是”或者“不是”似乎都不够妥当，巩俐想了一下回答道：“我觉得我的牙齿是漂亮的，虽然不整齐却与众不同。”这样的回答博得了全场的掌声。

交谈场合，面对有意或无意的诘难话题，应当做到处变不惊，机敏应对，通过自己巧妙的回答来化解尴尬困境。

◎ 面对责难，敢于应付

责难就是责备非难。这有两种情况：一种是对所谈有疑问或不同意见而提出问题和反对意见。一般来说，这是善意的。另一种则是恶意的，故意刁难，搞恶作剧，以达到让发言者难堪、出丑的目的。

那么，面对别人的责难，该怎样回答呢？

对责难的控制办法，也要区别对待：

第一，对善意的责难应尽己所知，认真、负责地阐述自己的观点或解答对方的问题。

只要不是涉及国家、组织机密和有伤风化等内容的，都应有问必答，不可用“无可奉告”之类的外交辞令搪塞。如果确实回答不了，要老老实实地表示歉意，或者留下另行探讨的话语。

某宣传部长到分厂宣讲时事政策，一女工站起来问道：“你老讲形势好，为什么全国到处都在下岗？”部长回答说：“下岗是社会发展的正常现象，是社会进步的表现，恰恰说明形势好。

现在一些地方、部门人浮于事，没事做，而一些地方、部门又事多等人做，这正常吗？一个工厂技术落后、设备陈旧，产品没市场，大家都发不出工资，还不如让一些人下岗转行，去干社会需要的事。这样，既满足了社会的需求，大家又都有钱可挣，不比要死不活地吊着好吗？”

第二，对恶意的责难应针锋相对，坚决、果断地予以驳斥或揭露。

回答手法上可以多样化：或反唇相讥，或以牙还牙，或幽默风趣。总之，不能让其企图得逞。在这种情况下，不予理睬、拒绝回答，或者发火、生气，或者令其离开或自己离开，都是不恰当的：一是会助长其气焰；二是混淆其他听众的视听；三是有损自己的形象。

美国前总统布什在一次演说时，台下递上一张纸条，他打开一看，写的是“傻瓜”。他若无其事地笑道：“以往别人递纸条都是提出问题，而不落姓名；而这张只落了姓名却没有提问题。”巧妙地将本想辱骂他的恶语，转移到辱骂者身上。

◎ 移花接木，歪答正解

著名的诗人歌德在一条只能通过一个人的小径上散步，迎面来了个极不友好的人：

“我向来没有给傻瓜让路的习惯。”

歌德听到对方不友好的喊叫，连忙让到一旁，笑容可掬地说：

“我恰恰相反。”

歌德运用了“移花接木”的回答技巧，一句话就把“傻瓜”的帽子从自己头上摘下，戴到对方头上。

移花接木是应对别人责难和辩论中常用的回话手法，巧妙偷换概念以彼之道还施彼身，可使自己脱离困境的同时陷对方于困境之中。在日常生活中，使用移花接木的回话技巧常有意想不到的效果。

一个被指控酒后开车，并被判拘留一周的司机，在法官面前申诉说：

“我只是喝了些酒，并没有像指控书中说的那样喝醉了。”

法官听后微微一笑，说：

“正因为这样，我们才没有判处你监禁七天，而只判拘留你一个星期。”

法官的解释，既回避了司机的无理纠缠，又让司机懂得对司机来说，“喝了些酒”开车与“喝醉了酒”开车的区别，就如“监禁七天”与“拘留一星期”的区别一样，只不过是说法不同而已。

一位长官到连队巡查，正赶上士兵们吃中午饭。

“伙食怎么样？”长官问士兵们。

“报告长官，汤里土泥太多。”一个多嘴的士兵回答。

“你们入伍是为了保卫国土，而不是挑剔伙食！”长官非常生气地大声斥责道，“难道这个道理都不懂？”

“懂，”士兵毕恭毕敬地立正，又斩钉截铁地说，“但绝不是让我们吃掉国土。”一句话，说得长官顿时对这位士兵刮目相看了。

士兵们的伙食很快得到了改善。

“泥土”与“国土”意义相差甚远，但士兵却能抓住“土”这一信息，并将其生发开去，不无关联地与国家的形势、国土的沦丧和军人的职责密切地结合在了一起，既体现了一个军人对祖国的忠诚，又巧妙地达到了改善伙食的目的。

运用移花接木的回话技巧，关键的往往只有一句话，但这一句话往往紧紧扣住了对方的言行，所以分量很重，使对方几乎没有反击的余地。

◎ 以谬制谬，以错制错

以谬制谬和移花接木有本质上的不同，但却有异曲同工之妙。

以谬制谬就是以错制错，意即对方做出错误的言论时，有意将对方的荒谬观点引发出来，使其表达得更为清楚，然后再由此推出错误的结论来回击对方，进而使对方的观点不攻自破。

下面我们来看一组故事。

在美国废奴运动中，废奴主义者菲利普斯到各地巡回演讲。一次，一个来自反废奴势力强大的肯塔基州的牧师问他：

“你要解放奴隶，是吗？”

菲利普斯：“是的，我要求解放奴隶。”

牧师：“那么，你为什么只在北方宣传？干吗不敢去肯塔基州试试？”

“你是牧师，对吗？”菲利普斯反问道。

牧师：“是的，我是牧师，先生。”

菲利普斯接着问：“你正设法从地狱中拯救鬼魂，是吗？”

牧师：“当然，那是我的责任。”

菲利普斯：“那么，你为什么不到地狱去？”

牧师觉得一个声称要解放奴隶的人，总在没有奴隶的地方叫喊，目的显得不纯。菲力普斯认为以牧师的身份不应有过多功利的猜疑，于是便对他进行了有力的反驳，他用以谬制谬法轻而易举地战胜了对方。

逢年过节，船老板得按规矩弄几样菜，招待船员。这年端午，船老板端了四样小菜，提了一把长颈子锡壶，往船员们面前一放，说：

“伙计们，喝酒吧！”说完就走开了。

有个伙计顺手把酒壶一提，轻飘飘的，揭开盖子一看，只有半壶酒。他很恼火，随手拿起一把锯子，把酒壶上半截锯下来就往江中一扔，把底下半截子照旧放好。

没过多长时间船老板来了，一看酒壶给锯了，气得吹胡子瞪眼珠，大声问道：

“怎么酒壶只剩半截啦，谁干的？”

锯壶的伙计不慌不忙地答道：

“我锯的，上半截又不装酒，留着没用。”

可见，运用“以谬制谬法”时，应注意发现对方的谬误，并对它进行全面的透视，然后寻找适当角度，进行有力反击。

两个乡下财主在村头谈话，农夫老田见了，同他们打过招呼就走开了。忽然，其中一个瘦财主喊道：“黑老田，站住？”

农夫站住了，对匆匆赶来的瘦财主说：“您有什么事儿？”

瘦财主喘了喘气说：“你打断了我们的话把子，赔五石谷，折合洋钱五十块，必须三日之内交清。”

老田回到家里，愁眉苦脸，茶饭不进，只差没有寻短见。

他的妻子问怎么了，老田照实说了。

他的妻子就说：“这有什么可怕的？到时由我对付！”

到了第三天，田妻叫老田上山打柴，自己便在门口等着。瘦财主来了，劈头就问：“你家老田呢？”

田妻不慌不忙地回答说：“他上山挖旋涡风的根去了。”

瘦财主一听，喝道：“胡说，旋涡风怎么还有根？”

田妻反问：“那么，话还有把子吗？”

瘦财主无言以对只得愤愤地走了。

通过上面这些实例，我们可以看出运用以谬制谬法回击刁难者有两个基本诀窍：

一是以谬制谬，模拟必须相当，谬说必须等值。如甲说："我家的狗会讲话。"乙便说："我家的驴会唱歌。"甲反问乙："驴怎么会唱歌呢？"乙反问甲："狗怎么会讲话？"这一反驳，由于驴和狗相当，唱歌与讲话等值，因而使甲张口无言。

二是无中生有的"无"，必须是绝对的"无"。反之，就会给对方留下反击的空子，使自己陷于被动。

如，有人说："我家公鸡下了蛋。"另一个说："我家母鸡叫了夜。"这就出了漏洞，有懈可击了。因为母鸡不是绝对不叫夜的，而公鸡则绝对下不了蛋，这样的反驳就无法起到以谬制谬的效果了。

◎ 巧用谐音，化险为夷

谐音，是指利用语言的语音相同或相反的关系，有意识地使语句有双重意义，言在此而意在彼。巧用谐音回答别人的责难问题，往往能使人摆脱困境化险为夷。

据传，从前有个宰相，他有一个名叫薛登的儿子，生得聪明伶俐。当时有个奸臣金盛，总想陷害薛登的父亲，苦于无从下手，便往薛登身上打主意。有一天，金盛见薛登正与一群孩童玩耍，于是眉头一皱，诡计顿生，喊道："薛登，你像个老鼠一样胆小，不敢把皇门边上的桶砸掉一只。"

薛登不知是计，一口气跑到皇门边上，把立在那里的双桶砸碎了一只。

金盛一看，正中下怀，立即飞报皇上。皇上大怒，立刻传薛登父子问罪。

薛登父子跪在堂下，薛登却若无其事地嘻嘻笑着。皇上怒喝道："大胆薛登？为什么砸碎皇门之桶？"

薛登想了想，反问道："皇上，您说是一桶（统）天下好，还是两桶（统）天下好？"

"当然是一统天下好。"皇上说。

薛登高兴得拍起手来："皇上说得对！一统天下好，所以，我便把那只多余的'桶'砸掉了。"

皇上听了转怒为喜，称赞道："好个聪明的孩子！"又对宰相说："爱卿教子有方，请起请起。"

金盛一计未成，贼心不死，又进谗言道："薛登临时胡编，算不得聪明，让我再试他一试。"皇上同意了。

金盛对薛登嘿嘿冷笑道："薛登，你敢把剩下的那只也砸了吗？"

薛登瞪了他一眼，说了声"砸就砸"，便头也不回奔出门外，把皇门边剩下的那只木桶也砸了个粉碎。

皇上喝道：“顽童？这又如何解释？”

薛登不慌不忙地问皇上：“陛下，您说是木桶江山好，还是铁桶江山好？”

“当然是铁桶江山好。”皇上答道。

薛登又拍手笑道：“皇上说得对。既然铁桶江山好，还要这木桶江山干什么？皇上快铸一个又坚又硬的铁桶吧！祝吾皇江山坚如铁桶。”

皇上高兴极了，下旨封薛登为“神童”。

当遇到别人的责难时，不妨利用谐音做文章，巧用谐音嫁接话题来回答，这样既巧妙地转移了别人难题的语义，让别人找不到漏洞，又能使自己摆脱困境。

◎ 幽默应变，轻松解围

面对人际交往的困窘，生意场上毁约失言的尴尬，求人办事时的难堪，伴侣、情人、恋人之间的吵闹和不悦，熟人朋友的刁难，上级领导的批评与指责……怎么办？是坐困愁城还是唉声叹气？这时你应该想到一种快乐的法宝——幽默，它会在你的生活中溅起愉悦的涟漪，并帮你脱离困窘、尴尬、难堪和不悦的境地。

试看下面一组故事。

杜罗夫是俄罗斯一位著名的丑角。一次演出幕间休息的时候，一个很傲慢的观众走到他的身边，讥讽道：

“丑角先生，观众对你非常欢迎吧？”

“是的。”

“要想在马戏班中受到欢迎，丑角是不是就必须有一张愚蠢而又丑怪的脸蛋呢？”

听到此话，很多人围了过来。

“确实如此。”杜罗夫明白了这位观众的恶意，立即回答说：“如果我能生一张像先生您那样的脸蛋的话，我准能拿到双薪。”

这位傲慢观众的脸蛋，同杜罗夫能否拿双薪，本无丝毫内在的联系，但幽默的杜罗夫却巧妙地把它们牵扯在一起，轻松地为自己解了围。

一天，汤姆的老板开会时气急败坏地大叫：

“这次促销如果泡汤，我要把你们一个个扔进海里喂鲨鱼……”

这时，汤姆衣冠楚楚地站起来，转身欲走，老板更气了：

“你要去哪里？”

原先是要去洗手间的汤姆即兴改口说：“学游泳！”

众人大笑，紧张的气氛马上缓和下来，老板也笑了：“你这浑小子！你以为我真的忍心把你们扔进海里……”

汤姆的即兴幽默一下把一个严肃的会议，变得轻松愉快起来。

当你遇到急迫而又棘手的问题时，使用恰到好处的一句幽默话，能令你立于不败之地。

美国前总统卡特在南方时，曾虔诚地接受过基督教的洗礼。由于这段经历，记者们常常喜欢让他就道德问题发表看法，其中不乏一些不太礼貌的难题。

有一次，有一位记者问卡特："如果有人告诉你：你的女儿与别人有不正当的恋爱关系，你将作何感想？"

卡特回答说："我会大吃一惊，不知所措。"稍作中断后他又加上一句："不过现在还不用操心，她才刚刚7岁。"

幽默是最好的润滑剂，即使遇到十分棘手的难题，或遇到意外的抢白、嘲讽，甚至不怀好意的侮辱或挑衅，机智的幽默语言也能帮助人摆脱窘境，使尴尬或严峻的局面消失在笑声中。

◎ 针锋相对，反唇相讥

在社会生活中，有时候有人会对你恶意攻击，企图影响你的情绪，败坏你的名声。此时，如果对方是恶意攻击，你就要借用对方的技法，针锋相对，反唇相讥。

1900年，美法等八国联军侵入中国，先后占领了天津和北京，腐败的清政府吓得慌作一团，急忙屈膝求和。在一次清政府与八国联军代表议和的会议上，有一联军代表傲慢地对清政府代表说："听说你们中国有一种独特的文学形式，叫作对联形式。现在我出一副上联，诸位能对上吗？"说罢，他环视一下四周大声念道："琴瑟琵琶，八大王，王王在上。"八国代表马上明白了他的意思，发出一阵狂笑。

面对对方的挑衅，清政府的代表，有的尴尬、苦笑，有的虽然怒目圆睁，却无词答对。忽然，一位年轻的秘书"嚯"地站起来，随口高声念出下联："魑魅魍魉，四小鬼，鬼鬼犯边。"

八国联军代表听罢，相视愕然，目瞪口呆。

这位秘书运用针锋相对，就是针对八国联军这些侵略者不可一世的傲慢态度，同样对之以下联。不但对仗工整，而且运用对联形式，义正词严地指责了对方的侵略"犯边"。

针针锋相对运用的原则，是不回避原论题，要针尖对麦芒，要锐化攻击的锋芒。针锋相对运用的方法，是借对方的技法，成套地搬用对方的逻辑，用对方讲的道理和办法来组织反击的语言。

被称为铁石心肠的日本总理大臣吉田茂，晚年丧妻。

在一次记者招待会上，一位风骚的西方女记者故意挑逗他："请问阁下，您对女人感不感兴趣？"显然，在公众场合向一位国家领导人提出这样的问题，是极不礼貌的。

吉田茂看了这位女记者一眼后，冷冷地答道："过去很感兴趣，但自从看到你以后，我对女人就再也没有兴趣了。"

这位风骚的女记者被当众奚落，自讨了个没趣。

针锋相对这一论辩技巧往往都是在一瞬间完成的，因此，它要求论辩者头脑冷静，思维敏捷，反应神速，遇变不惊，对对方的恶语不躲不惧，直面迎击。

约翰·威克斯是英国18世纪的一位作家和政治活动家。

有一天，上议员桑得韦奇当众辱骂他说："你将来不是死于梅毒，就是死于绞架。"威克斯答道："那就要看我是拥抱阁下的情妇还是亲吻阁下的理论。"

威克斯的反击既冷静沉着，又出语如刃，足以削铁。

针锋相对面对对方的挑衅，既能维护自己的尊严，又能维护自己的利益。

针锋相对有一个特殊规律，即反击的性质不由自身决定而由攻击者决定。如果对方发动攻击时是侮辱性的，则反击也是侮辱性的。如果对方是带着几分讥讽的，反击也就得带几分讥讽。如果对方发动攻击是调笑性的，反击的语言同样也应是调笑性的。对方以我生理缺陷或人格为戏谑，我方必也以其生理的毛病或人格为回讽目标。如对方以我姓名字号开心，我方也须从他这方面做文章。这样做，虽然回旋余地小、难度大，但是具有较大的反击力。倘若别人说我品德有亏，我却只说他生理缺陷，则会令反击苍白无力。

◎ 假借他物，化解尴尬

有时，碰到一些难以脱身之事，直接说出原因或闭口不谈都会给自己带来不利，并把自己推入更为困难的境地。这时，如果借助别的人或物，为自己找到一个得体的理由，可以化解窘况，消除尴尬。

清代学者纪晓岚，很受乾隆皇帝的宠爱。

一次，两人在野外散步聊天。乾隆突然问道："纪卿，'忠孝'之义何解？"纪晓岚回答："禀告皇上，君要臣死，臣不得不死，谓之忠；父要子亡，子不得不亡，谓之孝！"

乾隆又说："嗯，说得好，现在，朕想以君的身份要你去尽忠，怎么样？"纪晓岚一惊，少顷，回答说："臣遵旨！"

纪晓岚说完就走了，皇帝当然知道纪不会去死，不过也想看看他是如何为自己解围的，于是静观其应对方法。不一会儿，纪晓岚回来了。

乾隆问道："你怎么没死，没尽忠啊？"

"我刚才想跳河尽忠，正在这时碰到屈原了，他不让我死！"

"这话是什么意思？"

"我去到河边，正要往下跳时，屈原从水里向我走来，他说：‘晓岚，你为什么要这样呢？我那时跳河自尽，是因为当时楚怀王昏庸无能；而你现在，听说是开明盛世啊！这样吧，你先回去问一问皇帝，看他说是不是昏庸无能，如果说是，你再来跳河，我等你！’这样，我就回来问您了！”

乾隆听后，放声大笑，连连称赞：“好一个如簧之舌，真不愧为当今雄辩之才啊！”

纪晓岚真是聪明绝顶，辩才无碍。他能巧妙地为自己找到一个解脱困境的依靠：屈原。借屈原之语，为乾隆设立窘境，指出“如果皇上承认自己昏庸，我就去死”。皇上当然不会再将玩笑推到此地步，故纪晓岚很自然地把自己从“死”中解脱出来了。

假借他物，“他物”无论是言语还是实体，都要在此时此刻具有一定的权威性、震撼力。

有一对青年男女正处在热恋中。这天，两人从夜校学习归来，边走边聊，不觉到了男青年的家门口，而此时时候也不早了。男青年邀女友到家去坐坐，再陪陪他。女友说：“不行，老师告诉过我，放学要早归，否则会遇到坏人的。”一句话把男青年逗笑了，男青年也不好强求，目送女友远去。

女青年巧借老师所说，跟男友开了个玩笑，既为自己回家找到了理由，又能让男友体面地收回不恰当的要求。

与人交往，当陷入交谈窘境时，可借助周围的人或物找到一个得体的理由回答别人，从而巧妙解除尴尬。

◎ 将错就错，巧妙开脱

我们在社交场合中，特别是处境尴尬时，将错就错的巧妙开脱往往比一味解释更具有奇妙的作用，它是机智应变的回话技巧的重要形式之一。

我们再以清代才子纪晓岚的一则故事，来说明将错就错的应变技巧对于化解窘境的作用。

有一次，乾隆皇帝带着几个随从突然来到军机处。此时的纪晓岚正光着膀子和几个办事人员闲聊。其他人老远就看见皇帝上来了，连忙起身迎上前去接驾。纪晓岚是高度近视，刚开始没看见走在最后面的乾隆，等他明白怎么回事的时候，乾隆就快到了。

纪晓岚心想：就这样光着膀子接驾，岂不是冒犯龙颜？干脆一不做二不休，趁着别人不注意钻到桌子底下躲起来。

这一切，早被乾隆看了个真真切切，他心中一阵好笑，有心想“整整”纪晓岚。

乾隆在椅子上坐定，示意其他人都不许出声，很长时间过去了，纪晓岚在桌子底下早就待不住了，心中纳闷：怎么进来之后就没动静了？这么长时间了，早该走了，该不是已经走了吧。想到这里纪晓岚压低了嗓门，喊道：

“喂，有人吗？老头子走了吗？”

满屋子的人都听到了，大家忍不住都想乐，一听纪晓岚喊“老头子”，心想这一下子可有好戏看了。

乾隆也听得真真切切，板起脸，厉声喝道：

“纪晓岚，出来吧。”

纪晓岚一听是乾隆的声音，心想：完了，完了，这回可完了。只好无可奈何地从桌子底下钻出来见驾。

乾隆一看纪晓岚光着膀子，满身大汗，惊慌失措的样子，心里一阵好笑：纪晓岚人称大清第一才子，居然这般模样。接着故意装作生气的样子，大声喝道：

“大胆的纪晓岚，你不见驾也就罢了，居然还敢说朕是‘老头子’，你什么意思？今天你要讲不清楚，要了你的脑袋！”

到了这种境地，纪晓岚反倒镇静了许多，一边擦汗，一边苦思对策。忽然他灵机一动，反正错了，错了就错说呗，不紧不慢地说道：“万岁爷请息怒，刚才臣称您为‘老头子’，只是出于对您老人家的尊敬，别无他意。”

乾隆一听更来气了：

“尊敬？好，你给朕说说怎么个尊敬法。”

纪晓岚慢慢说道：“先说这‘老’字，天下臣民每天皆呼皇上万岁，万岁，万万岁，您说这万岁、万万岁算不算‘老’啊？”

乾隆没作声，只是点点头。

纪晓岚见乾隆有所应允，接着说：

“再说这‘头’字，家有千口，主事一人，如今皇上便是我大清国的主事之人，是天下万民之首，“首’者‘头’也。故此称您为‘头’。”

乾隆边听边眯着眼睛笑，很是满意。

“至于这‘子’嘛，意义更为明显。皇上您贵为天子，乃紫微星下凡。紫微星，天之子也，因此您为‘子’。这便是我称您老人家为‘老头子’的原因。”纪晓岚说完轻轻舒了口气。

乾隆听完抚掌大笑：“好一个‘老头子’，纪晓岚你果然是个才子。”

在这里纪晓岚将错就错使皇上龙颜大悦，巧妙地为自己化解了一次险情。

掌握神奇机智的语言应变技巧，无论是在社会交往还是在商业谈判、发表演说等方面，都具有重要的作用。

◎ 歧义回答，驳斥刁难

歧义，是语言中的一种常见现象。论辩中的歧义法是指巧妙地利用语言中的多义词或同义词，在某种特定的情况下，将表示甲义的语言，换过来表示乙义，并使两种意义建立起某种联系，使之产生特殊意义或感情的论辩方法。歧义法是造成讽刺的有效的反驳艺术手段。

当年，鲁迅先生制服反动校长林文庆的一次辩论便是如此。

鲁迅先生在厦门大学任教授时，校长林文庆常克扣办学经费，刁难师生。一天，林文庆把研究院的负责人和教授们找去开会，提出要把经费削减一半，教授们纷纷反对。林文庆阴阳怪气地说："关于这件事，不能听你们的。学校的经费是有钱人拿出来的，只有有钱人，才有发言权！"他刚说完，鲁迅立即站起身，从口袋里摸出两个硬币，"啪"的一声放在桌子上，说："我有钱，我也有发言权！"

林文庆没料到鲁迅先生会说这样的话，一时无法应对。鲁迅先生接着力陈研究院经费不能减少、只能增加的理由，驳得林文庆哑口无言，只得收回其主张。

这个例子中，"有钱"一词就是有歧义的，从字面分析，"有钱"仅仅表示"有"，至于有多少钱则是不确定的。一个铜板可以说是有钱，亿万富翁同样也可以说是有钱。鲁迅正是利用"有钱"一词的歧义性，制服了校长的无理刁难。

下面是在第三届上海市大学生辩论赛关于"经济的发展不可避免环境污染"的论辩中，正反两方的一段对话：

反方：请问对方辩友，你们刚才说环境污染，是可以减少的，这不是靠经济发展吗？

正方：对呀，是可以减少，但是不可避免呀！（掌声）

反方：对方已经退出了第一步，经济发展可以减少环境污染，谢谢！

正方：你说我们退步我们就退步了，难道我们的腿是长在对方身上的吗？（热烈掌声）

反方说的“对方已经退出了第一步”，本是指对方观点有了让步，可正方却运用“退”这个词的多义性，把它换成是“用双脚走路”，并向对方发出责难，这样回答既幽默风趣，又达到了巧妙地回避对方攻击的目的。

需要说明的是，日常说话写文章出现歧义是一种语病，应注意克服。若有人利用歧义进行诡辩，也要善于揭露批驳，但这并不妨碍从积极的方面去学习运用“歧义”的驳斥技巧。

特殊语境中，故意借用歧义误解是制造讽刺效果的有效反驳手段。

◎ 随机应变，话中有话

应变，就是在事态发生突变的危急时刻，采用恰当的措施，摆脱不利的局面，应变是衡量交谈者口才的重要标志，特别是当代社会生活中，没有应变能力，会失掉很多成功的机会。在交谈中，有人或善意或恶意地向你发难，把你置于窘境，这时就需要应变。这种应变，难就难在既要回击，又不能失礼。

前苏联诗人马雅可夫斯基在一次大会上对形形色色的听众演讲，幽默的话语不时引起台下阵阵笑声和掌声。结束时，忽然有个瘦高个挤到台前，伸长着脖子喊道：“您讲的笑话我不懂！”

“您莫非是长颈鹿？”诗人感叹道，“只有长颈鹿在星期一浸湿了脚，到周末才能感觉到呢！”

“我应当提醒你！”瘦高个吼道，“从伟大到可笑，只有一步之差。”

“不错。”诗人边说边用手指着自己和那个人，“从伟大到可笑，正是一步之差。”

“你的诗骇人听闻，不能使人沸腾，不能使人燃烧，也不能感染人。”瘦高个说。

“我的诗不是开水，不是火炉，更不是鼠疫。”诗人笑着答。

“您自己说应当把沾满尘土的传统和习性从自己身上洗掉，那么您既然需要洗脸，这就是说您也是肮脏的了。”瘦高个得意地挖苦道。

“那么，您不洗脸，就以为自己是干净的吗？”诗人反唇相讥。

瘦高个辩不过马雅可夫斯基，气急败坏地说：“您这样写诗是短命的，明天就会完蛋，您本人也会被人忘却，您不会成为不朽的人。”

诗人接着那人的话把顺势说：“那好，请您过一千年再来，到那时我们再谈吧，如果您还没有腐烂的话！”

诗人面对论敌有计划、有目的的系列发难，沉着冷静，思维敏锐，应对巧妙，或反推对抗，或故作愚言，或采用博喻，既幽默风趣，又气势逼人，显示出非凡的应变才能和无可辩驳的逻辑力量。

交谈中有时会出现不便于直接回答的问题，或者出现别有用心的议论，或者出现暗含侮辱的诘难……倘若应对不当，常常会使自己陷入难堪的境地。于是，随机应变便成了这时候必不可少的利器。它在回避、辩辱、规劝、解窘等方面，都发挥出一些特殊的作用。

随机应变作为一种回话和反驳能力，需要长期培养，并要具备一定的条件。一般说来，知识越渊博、阅历越丰富的人应变能力就越强。

◎ 反击 5 招，见招拆招

我们在人际交往中，难免碰到一些无理的言行。如果出面规劝，无异于对牛弹琴；如果直接进行责备，他自然会与你顶撞。

这时，最有效的办法就是反击，但反击也有好坏之分，反击得好可以使对方哑口无言，不好则势必成为一场口角，甚至是破口大骂，大打出手。

因此，真正的反击并不是单纯意义上的口舌之战，而是行其道反其言，使对方巧妙落入自己话语的陷阱，理屈词穷，无言以对。在反击中，以下五点要诀要牢记并运用好。

1. 心平气和

对无理的言行，首先要做到的就是不要激动，要控制情绪。这个时候心境平和，对反击对方有重要作用。

首先是表现自己的涵养与气量，以“骤然临之而不惊，无故加之而不怒”的大丈夫气概在气质上镇住对方，如果一下子就犯颜动怒，变脸作色，这不是勇敢的行为。古人曰：“匹夫见辱，拔剑而起，挺身而斗，此不足为勇也。”对方对此不但不会惧怕，反而会对你的失态感到得意。

其次是能够冷静地考虑对策，只有平静情绪，才能从容选出最佳对策，否则人都被弄糊涂了，就可能做出莽撞之举，更不要说什么最佳对策了。

2. 绵里藏针

对无理行为进行反击，可直言相告，但有时不宜锋芒毕露，露则太刚，刚则易折。有时，旁敲侧击，绵里藏针，反而更见力量，它使对方无辫子可抓，只得自己种的苦果往自己肚里吞，在心中暗暗叫苦。

有一天，苏格兰诗人彭斯在泰晤士河畔见到一个富翁被人从河里救起。富翁给了那个冒着生命危险救他的人一块钱作为报酬。围观的路人都被这种无耻行径所激怒，要把富翁再投到河里。彭斯上前阻止道：“放了他吧，他自己很了解他生命的价值。”

3. 反击有力

对无理言行进行语言反击，不能说了半天，不得要领，或词软话绵。而要做到打击点要准，一下子击中要害；反击力量要猛，一下子就使对方哑口无言。

有一个以愚弄他人而自得的人，名叫汤姆。这天早晨，他正在门口吃着面包，忽然看见杰克逊大爷骑着毛驴哼哼呀呀地走了过来。于是，他就喊道：

“喂，吃块面包吧。”

大爷连忙从驴背上跳下来，说：“谢谢您的好意。我已经吃过早饭了。”

汤姆一本正经地说：“我没问你呀，我问的是毛驴。”说完得意地一笑。

大爷以礼相待，却反遭一顿侮辱。是可忍，孰不可忍？他非常气愤，可是又难以责骂这个无赖。无赖会说：“我和毛驴说话，谁叫你插嘴来着？”于是大爷抓住汤姆语言的破绽，进行狠狠的反击。他猛然地转过身子，照准毛驴脸上“啪、啪”就是两巴掌，骂道：“出门时我问你城里有没有亲戚，你斩钉截铁地说没有。没有亲戚为什么人家会请你吃面包呢？”

说完对准驴屁股，“叭、叭”又是两鞭子：“看你以后还敢不敢胡说。”然后翻身上驴，扬长而去。大爷的反击力相当强。既然你以你和驴说话的假设来侮辱我，我就姑且承认你的假设，借教训毛驴，来嘲弄你和毛驴的“亲戚”关系，以此对对方的无礼进行反击。

4. 把球踢回去

有时，对方的问题不好说“是”也不好说“不是”，这个时候把对方踢给你的球反踢回去会是不错的回答。

你和别人一起谈论国家大事。当对方问：“你是否认为物价增长过快？”你可以回答：“那么你认为增长太慢了吗？”

你的恋人问：“你讨厌我吗？”你可以回答：“你认为我讨厌你吗？”

5. 反复申诉

当别人侵犯了你的权利时，你要维护你的权利，既坚持你所需要的东西而不生气，也不急躁或高声喊叫，应该学会在一种冲突的情境中有效地反复表达你的意见。例如：

你到商店去买东西，由于购物的人多，售货员少找给你十元钱。你向售货员提出，售货员因记不清而引起了纠纷。这时你要以一种平静而重复的声音诉说是如何少找给你钱的，直到问题得到解决。下面这段店员和买主的对话就是一个很好的例子。

买主：小姐，你少找给我十元钱。

店员：不会吧，我们总是一手交钱，一手付货。

买主：我相信你们总是这样做的，可是你确实少找给我十元钱。

店员：你有发货票吗？

买主：有（拿出发货票），你看，就是差了十元钱。

店员：（看发货票）你在这里买的是两双儿童的靴子。

买主：不错，你再算算，就是差十元钱。

店员：你看过你的衣袋没有？你是不是掉在哪儿了？

买主：不会的，我没动地方。我衣袋里再没有钱了。

店员：现在没法结算，快闭店时我们结账，你来一趟好吗？

买主：好，我相信您一定会找到。

CHAPTER 7

完美回话：高效回答的 12 大战术

高明的回话源于娴熟的技巧。浅显的问话明白回答，深奥的问话含蓄回答，正面的问话侧面回答，不能回避的问话严谨回答，“二难”问题从弱处下手回答，不方便直接回答的问话绕圈子回答，自己不好开口回答的问话借第三者的口回答……

没有回答不了的问题，只有不会回答的人。问话藏机锋，回话有技巧，掌握神奇的回话战术， 你能搞定任何难题。

◎ 演绎推理，驳斥谬误

演绎是指由一般性的前提推出个别性的结论的逻辑方法，这是一种由一般到个别的方法。由于前提中必然蕴含结论，所以，只要前提是真的，其结论必然也是真的。

在回话过程中，正确地掌握和使用演绎推理方法，不仅有利于我们周密地进行论证，滴水不漏地表述自己的观点，不给对手以可乘之机，同时，使用这种方法可以及时抓住对手的把柄，揭穿对手诡辩的伎俩。所以，演绎推理也是出色的辩论者常常使用的逻辑严谨的回话方法之一。

有一位美国参议员对美国逻辑学家贝尔克里说：

“所有的共产党人都攻击我，你攻击我，所以，你是共产党人。”

贝尔克里当即予以反驳：

“这个推论实在妙极了，从逻辑上来看，它同下面的推论是一回事：所有的鹅都吃白菜，参议员先生吃白菜，所以参议员先生也是鹅。”

从逻辑学的角度来考察，贝尔克里反驳对方观点使用的是演绎法。

参议员辩论中使用的是逻辑上中项不周密的错误三段论形式，贝尔克里模仿这种推论形式，得出了“参议员先生也是鹅”的结论，对方自然难以接受。这样对方推论的荒谬性就暴露无遗了。

在演绎推理中，最常见的类型就是由两个直言判断组成大、小前提推出结论的“三段论”。由于三段论是一种必然性推理，也就是说其结论是从前提中推导出来的，因此，三段论是一种很有力的驳斥和辩论方法。

意大利都灵大教堂内珍藏着一件圣物，据说这是耶稣遇难后包裹尸体的细亚麻布幅。600多年来，信徒们一直就其真伪问题争论不休。有一年，神学院的5名学员来到这里，他们看了这块裹尸布后，各自发表了自己的见解。

学员甲：我认为这件圣物是真的。如果是假的，它就不可能在600年内一直被教友所珍藏、敬奉。

学员乙：我也认为它是真的。耶稣钉死在十字架上，死的时候手腕与大腿流了许多血，现在我亲眼看到它上面有斑斑血迹，可见它是真的了。

学员丙：我认为它是假的。据专家考证，细亚麻布直到2世纪才出现，而耶稣遇难是在公元1世纪，由此可见，这块细亚麻布不可能是圣物。

学员丁：我无法肯定它是真是假，最好用“碳14同位素”测定一下它的年份，如果确实是公元1世纪的织品，那就可以肯定它是圣物。

学员戊：我同意乙的看法。另外再补充一点，最好能够用仪器测定一下它上面血迹的年份，若与耶稣遇难的年份相近，那就更有说服力了。

从论证的角度来分析，以上5位神学院学员的回答中，只有学员丙的回答是正确的，而其他人都是错误的。因为他们所使用的是条件推演方法，但学员甲的条件命题的前提就是假的，而学员乙、丁、戊使用的则是条件推演中的肯定后件的错误形式。

在回话中，我们要达到反驳对方观点的目的，既可以直接指出对方推论的错误，也可以模仿对方的错误推论形式，推出令对方感到难堪的结论。这种方法也能有效地达到揭露谬误的目的。

◎　析因论果，严谨回话

析因论果，就是通过找出某一现象的原因，以因果联系为根据而得出结论。有因就有果，有果必有因，我们可以通过这个逻辑来找到事物之间的联系，让自己的回话逻辑严谨，令人信服。

析因论果方法，用在回话活动中，具体来说，有如下两种：

1. 探因求异

一位生物学教授通过试验，发现蝙蝠具有以耳代目的活雷达特性，而另一位学者则持有不同意见。于是，两人展开了辩论。

生物学教授："蝙蝠能在阴暗的岩洞里准确无误地飞行，这是为什么？"

学者："因为它的眼睛特别敏锐，能在微弱的光线下看清周围的障碍物。"

生物学教授："为什么蝙蝠能在黑夜穿过茂密的树林？"

学者："也许它有异常的夜视能力。"

生物学教授："当我们把它的双眼遮住，或让它失明，它仍能完全正常地飞行，这又是为什么？若去掉它双眼的蒙罩，将它的双耳遮住，它飞行时就会到处碰壁，这又该如何解释？"

学者无言以对，只好认输。

生物学教授考察了蒙住蝙蝠耳朵与不蒙住耳朵的不同情况：蒙住耳朵不能正常飞行，不蒙则可以正常飞行，这两个场合其他情况都相同，只有蒙住与不蒙住耳朵不同，因而得出结论：蝙蝠是以耳朵探测方向的。生物学教授由于正确地运用了探因求异法，所以得出了无可辩驳的结论。

这种方法和下面的探因求同基本相同，只是探求的结果是"异"而非"同"。所谓探因求异，是指在被考察现象出现和不出现的几种场合中，其他的情况均相同，只有一种情况不同，于是得出结论：这个不同的情况就是被考察现象的原因。

2. 探因求同

18世纪俄国科学家罗蒙诺索夫在一次学术会议上，在回答别人对他的论文观点提出的疑问时，这样论证：

“我们搓擦冻僵了的双手，手便慢慢暖和起来；我们使劲敲击冰冷的石块，石块便能发出火光；我们用锤子不断地锤击铁块，铁块也可以热到发烫……由此可知：运动能够产生热。”

罗蒙诺索夫考察了搓擦双手、敲击石块、锤击铁块等发热情况出现的不同场合。这些场合其他的情况都不相同，而只有一种情况相同，就是运动，于是他得出结论：运动是发热的原因，运动可以产生热。

探因求同是根据被考察现象出现的几个场合，如果其他情况都不相同，而只有一个情况相同，于是得出结论，这个相同的情况就是被考察现象的原因。

在人际沟通中，运用析因论果方法，可以使自己的回话有根有据，有条有理，不仅可以使听众知其然，而且也可以使人知其所以然。

◎ 层层剥笋，驳倒敌论

层层递进，形如剥笋，由表及里由浅入深，可步步进逼，最终破的。这是回话技术中经常用到的一种逻辑方法。

在隋朝侯白的《启颜录》中有个“官学狗叫”的故事。

侯白在没有做官前，住在家乡，无甚名声，但锋芒已初露。当地的地方官刚到任时，侯白便去拜见。回来后他对几个朋友说：“我能让新来的官学狗叫。”朋友说：“哪有官老爷听别人的摆布学狗叫的？你若真能做到，我们请你喝酒；若不能，你就请客。”侯白答应了。

于是，他们一起到衙门去，侯白进去见官，朋友们在门外看着。官说：“你又来见我，有什么事吗？”

侯白答道：“您刚到此地，民间有些事情，要向您请示。您到任之前，此地盗贼甚多，我建议您下令让百姓各家养狗，让它们见了生人就惊叫，这样盗贼自然便会平息。”

官问道：“如果这样的话，我家也须养条能叫的狗，但到哪里去弄狗呢？”

侯白回答说：“我家倒有一群新养的狗，不过它们叫的声音与别的狗不同。”

官问道：“它们叫出什么声音来？”

侯白答道：“它们‘呜呜’地叫。”

官说：“你不懂狗，好狗应当‘汪汪’地叫，‘呜呜’叫的，都不是善叫之狗。”

侯白的朋友们在门外听了，皆掩口而笑。侯白看到自己已经赢得了一桌酒席，便对官说：“我知道了。以后我一定要出去寻访善叫的狗。”说完便向官告辞。

在使用层层递进法时，要注意“层层”，即一定要循序渐进，不要省去中间环节，不要跳跃式递进。其次，还要注意“递进”，所谈之事，虽可谓漫无边际，但要由小到大，由浅入深，始终向实质性问题这个方向靠近，不可偏离。

战国时期，齐威王有个怪癖——长夜喝酒放歌。每当夜幕降临，星月争辉的时候，他都喝得酩酊大醉。这样混混沌沌地过日子，朝政一片昏乱。淳于髡总想找个机会，劝说国王彻底转过弯来。

这天，齐威王大摆宴席，席间邀淳于髡陪酒。淳于髡认为机会来了。

席间，齐威王端起酒杯问他：“先生能喝多少酒才醉？”

淳于髡说：“臣喝一斗也醉，喝一石也醉。”

齐威王不解地问：“喝一斗就醉的酒量，怎能喝上一石？”

淳于髡说：“您在前面赐我佳肴美酒，却命法官紧紧盯住我。我哆哆嗦嗦地在那里趴着喝酒，顶多喝一斗就成烂泥了。可是如果碰上尊敬的客人，我捋起袖子，笑吟吟地给客人敬酒，我能喝上二斗；如果老友重逢，话题如丝，我能喝五六斗；如果乡里乡亲地聚集在一席，男女倾谈，喝酒行令，我即使喝上八斗，可能也不过醉个二三分，如果喝到傍晚，酒快喝光了，大家又把剩余的酒聚到一起，助兴让我喝，我那时就会喝得酩酊大醉，也就会失礼了——搞得杯盘狼藉，语言混乱，甚至男女互相踩着对方的脚，这就叫作酒极生乱，乐极生悲啊……而世间的万事万物，也都是一样的道理啊！”

淳于髡从小到大，由物及人，层层比喻，步步进逼，最终破的，使齐威王很受教益。

层层深入的回话手段，要求回话者有敏锐的反应能力，有严密的逻辑思维能力和高超的论证批驳能力；同时，辩者要自始至终高度关注，仔细聆听对方的发言，捕捉对方的错误，归纳概括，找出论敌错误的内在联系，采用层层剥笋的方法，直至摧毁敌论的核心支柱，从根本上批倒敌论。

◎ 旁敲侧击，以柔制刚

旁敲侧击，是指面对他人的问题从正面回答难以收效的情况下，而采取的侧面说服的方法。

齐鲁两国都是周朝初期分封的千乘大国，作为邻国，原本世代友好，但到了东周和春秋时期，鲁国逐渐衰弱，齐国逐渐强盛；两国的关系，也变得时好时坏，时而结盟，时而发生战争。

公元前634年夏天，齐孝公亲率战车二百乘，士卒万余人，向齐鲁边境进发，准备攻打鲁国。

齐孝公为什么要攻打鲁国呢？原来，当时齐桓公已死9年，齐孝公一直想继续桓公的霸业，继续号令诸侯，称雄中原。无奈他既没有桓公的魄力和才能，也没有管仲那样的贤臣辅佐，齐国的国力已不如以前，因而诸侯离心，号令不灵。齐孝公想以征伐来重振国威，但是凭现在齐国的军力，已不能远征其他强国，只有攻打近邻弱国，才有取胜的把握。恰好这时鲁国发生饥荒，齐孝公就做出了伐鲁的决定。

鲁僖公得到齐军要来攻打的消息，不敢派兵迎战，却派了大夫展喜带着酒肉粮帛去慰劳齐军。名为劳军，实际上是叫展喜说服齐孝公退兵。展喜感到很难办，就去请教自己的哥哥展禽。展禽，又叫柳下惠，就是历史上那位“坐怀不乱”的有名君子，头脑敏锐，富有谋略，而且善于辞令。他向弟弟面授机宜：“齐孝公之所以要伐鲁国，目的在于继承齐桓公的霸业。而齐桓公之所以能够称霸诸侯，不仅依靠武力征服，更重要的是一向以‘尊王’，即尊重周王室为号召。所以，你如果以周朝先王之命去说服齐孝公，定能成功。”

展喜领教后，立刻驱车向边境赶去。当赶到边境时，恰好齐军簇拥着齐孝公也刚到达。趁着齐军尚未进入鲁境，展喜迅速出境迎了上去。他向齐孝公施礼后，先命随从把犒劳齐军的物品抬上去，然后对齐孝公说：“我国国君听说您在百忙中亲自前来，将要屈尊驾临我国，特地派我前来犒劳您的随行人员。”

齐孝公问道：“你们鲁国人是不是害怕了？”展喜回答：“那些没有见识的人的确是害怕了，但是有识之士则不怕。”

齐孝公哼了一声：“不怕？鲁国赤地千里，田里连根青草也没有，老百姓家无隔夜之粮，你们凭什么不怕？”展喜把两手一拱，尊敬从容地答道：“我们依仗的是周朝先王的命令。”

“什么？”齐孝公有点摸不着头绪：“先王的命令和你怕不怕有什么关系？”

展喜继续讲下去：“从前，周公和姜太公协助周武王灭商，后来又共同辅佐周成王，功勋卓著。太公被封为齐侯，周公的长子被封为鲁侯。成王慰劳他们，特赐齐鲁两国结盟。盟约中写道：‘世世代代，子子孙孙都不要互相侵害。’这个盟约至今还保存在盟府里，由太史掌管着。”

听到这里，齐孝公脸上绷紧的肌肉放松了些，却又多了一点尴尬的神情。

“后来，齐桓公——”展喜两手又拱了一下，表示敬重齐桓公，“与诸侯结盟，帮助他们解决彼此的分歧，弥合他们之间的裂痕，从而将他们从战争的灾难中拯救出来。齐桓公这样做，表明他正在履行太公开始的辅佐周王室的固有职责。”

听着，听着，齐孝公脸上的肌肉不知不觉已全部放松下来。

“到您——”展喜又拱了一次手，这次是表示向齐孝公致敬，“即位之后，诸侯都满怀希望说：‘他一定能继承桓公的业绩，和各国亲睦相处。’我们鲁国人也认为用不着聚集军队来防守东面的边境。”

展喜悄悄觑了齐孝公一眼，只见他脸上现出了一丝笑意。于是，继续说道：“对于您这次驾临，鲁国并不认为是来攻打我国，大家都说：难道他即位刚刚9年，就会抛弃周朝先生的遗命？就会废弃诸侯固有的职责？如果这样，怎么对得起齐国的先君太公和桓公呢？我和鲁国其他人一样，认为您一定不会这样做的。我国的有识之士正是依仗这一点而不感到害怕。”这时，齐孝公的笑容中，似乎又有些难为情，他沉默了片刻，然后高兴地向展喜说道：“大夫言之有理。”接着，他吩咐左右收了展喜带来的犒劳物品，命令齐军离开齐鲁边境，回归齐国都城临淄。

展喜的话是借回答齐侯提出的“凭什么不害怕”展开的。他没有从正义与非正义的角度去阐述，因为这对齐侯来说不容易接受。他特地从先王之命说起，从历史上两国先君共同辅佐王室，两代先君联合互助，说明都是在实践周天子所赐的“世世子孙，不相侵害”的盟约。接着，讲到对方本人，若把王命与盟约丢到脑后，何以面对先君及老兄弟！这样，展喜所说不害怕的原因，处处在宣传历代君王的团结互助和对先君的忠诚，句句包含了对齐侯继往开来、不会背弃先君之命的信赖与愿望。这种不畏强暴、渴求和平团结的凛然正气和世代相承的传统心理，不能不使齐侯忽然预感到对背弃先君之命，“冒天下之大不韪”的一种恐惧；再加上展喜运用了以柔制刚的语言艺术，早就给他留下了后退的台阶，所以，在权衡利弊得失之后，他只好哑然而退。

从旁边敲打，从侧面攻击，既要讲清道理，给对方点拨和震撼，又要给对手留有脸面，避免直接的激烈冲撞，使对方在无可奈何之下，最终同意自己的观点。

◎ 声东击西，明回暗答

声东击西，就是为了达到某种目的，不直接从这个目的的正面去说，而是从相反的方面入手，实则说的是正面所要达到的目的。它是我们在正面回答有口难言之时的回话方法和技巧。

战国时，公输般替楚国监造云梯，并准备用它来进攻宋国。墨子听到这个消息，就从齐国动身，走了10天10夜，到了楚国的郢都，去见公输般，劝他不要为楚国造云梯去攻打宋国。

公输般问："先生有什么指教？"

墨子故意说："现在北方有人想侮辱我，我想借你的力量杀了他。事成之后，我送您一千两黄金。"

公输般很不高兴，断然拒绝道："我是讲仁义的，不能随便杀人。"

墨子见公输般口称"仁义"，正中下怀，立即借题发挥，慷慨激昂地说："请允许我向您进言。我在北方听说您造了云梯，要去攻打宋国。宋国有什么罪呢？楚国本来就是土地多，人民少，却拼命在战争中葬送掉自己本来就不足的人民，去争夺自己已经很多了的土地，不能算是聪明；宋国没有罪，却要去攻打它，不能算仁爱；懂得这个道理，却不身体力行，以理抗争，不能算忠臣；抗争不达到目的，就不能算坚强；杀一个人认为不义，却去杀多数人，不能以此类推事理。”

公输般无可置辩，只好承认自己为楚国造云梯去攻打宋国的错误。

在这里，墨子先借请求公输般助杀北人的一番话来“声东”，诱使公输般亮出“我是仁义的，不能随便杀人”的观点。这既为墨子的下文蓄了势，也给墨子的“击西”提供了最需要的大前提，墨子迅即抓住战机，以公输般造云梯以备攻宋的铁的事实和此举一不智、二不仁、三不忠、四不义的雄辩分析，向公输般连发责难。这段“击西”字字千钧，句句透辟，公输般却辩无辞，除了认错，别无他路。

在回话过程中，这一谋略的运用表现为明说东、暗指西，“声东”是假象，隐藏真实的意图，“击西”才是最后的目的。利用“声东击西”的技巧，把相同意思的话用不同的语言来表达，效果迥异，令人回味无穷。

◎ 曲径渗透，隔山打牛

生活中我们正面办不了的事情，只能从侧面去想办法，侧面如果再受阻的话，那就只能另辟蹊径了，或者曲径渗透，或者隔山打牛，总之是一种不得已而为之的办法，而若把它当作一种回话方式，就像半路杀出个程咬金，则会有出人意料的效果。

王小姐近来身体发福，颇为烦恼。一天，她对刘大姐发牢骚说："你看，我是越长越胖。""你不算太胖，看起来很健康。"刘大姐安慰道。王小姐接着说道："还不胖呢，前几天称体重都快70公斤了。""那你当时一定是在锻炼身体，手里正拿着两个哑铃吧？"刘大姐一席回话把王小姐逗得前仰后合。

有一顽童，大年初一那天，一大早便出门找伙伴玩耍去了。玩了一段时间后，发现自己头上一顶崭新的帽子不知何时丢了。于是心惊胆战地跑回家去，对他母亲说了。要是在平时发生这情况的话，母亲一定会大声斥责他。可是今天是大年初一，不能骂孩子，尽管心里很火，也得硬忍着。这时来他家串门的邻居小王听了笑着说："狗娃子的帽子丢了，这没关系，这不正好意味着'出头'了吗？今年你们家一定走好运，有好日子过了。"一句话，母亲转怒为喜。从此在邻居间小王的形象一下子提高了许多。

小王应邀参加一位朋友的婚礼，可天公不作美，小雨从早到晚一刻也未停过。等赶到朋友家时，衣服上溅满了星星点点的泥水。当一对新人双双向他敬酒时，朋友看到他满身泥水，略带歉意地说：

"冒雨前来，你辛苦了。这都怪我没选好日子。"

小王赶忙接过话茬回答说："自古道，'久旱逢甘雨，他乡遇故知，洞房花烛夜，金榜题名时'，这人生的四大喜事，让你们小两口一天就赶上了两个，这才叫双喜临门呢！"一句话说得满堂喝彩。

小王一席回话确立了他在人群中的说话形象和说话风格，使他成了一个处处受欢迎的人。

有一次座谈会上，有几位同志为鬼戏喊冤，认为神戏早已搬上银幕，也已登台亮相，唯有鬼戏既未上演也未登台。大家正在愤愤不平之时，一位青年脱口点出其中缘由："这叫作'神出鬼没'。"此言一出，会场气氛顿时增色不少。

在当今人际交往日益紧密频繁的时代，语言起着越来越重要的作用，如何向别人问话，如何回答别人的问话，成了衡量一个人能否赢得他人信任、能否营造如鱼得水的人际关系的重要标准之一。只要我们打开思路，变通方法，总能找到合适的让人喜欢的回话方式，最终你会发现，生活中处处充满趣味和温情，充满欢乐和笑声。

◎ 引石攻玉，言此意彼

俗话说："他山之石，可以攻玉。"此话说的是办事的一种方略，运用在回话艺术中，则更有奇效。

唐宪宗曾问李绛："谏官中有很多人毁谤朝政，却没有事实根据，我想贬斥其中一两个言辞较激烈的，来儆戒其他人，怎样？"

李绛回答说：“这恐怕不是陛下的想法，一定是奸邪的臣子用这种话来蒙蔽您的耳目。大臣的生死，取决于君主的喜怒，因此敢开口谏诤的又有多少？即使有劝谏的，事前也要昼思夜虑，把准备说的话早晨删去一点，晚上又删去一点，等到呈奏上来时，剩下的根本不到十分之二三。所以君主孜孜不倦地寻找谏言，还怕找不到。何况还要加罪于敢谏的人呢？像陛下刚才所说的那样去做，就会杜绝天下人的正直言论，这不是社稷之福啊！”

宪宗赞扬了李绛的话，取消了惩办进谏者的打算。

文中李绛明知这是宪宗的主张，但他怎么敢与宪宗在观点上争论对错，只有强把宪宗自己的主张引为臣子主张，加以毫不留情的反驳，让宪宗明白他的想法的利害关系，从而达到规劝的目的。引石攻玉，也可以说是言在此而意在彼，假错他人之义，达到自己的目的。

宋太祖杯酒释兵权，就是一个典型的事例。

宋太祖夺得天下不久，就问赵普：“从唐末以来，几十年间，换了十几个皇帝，征战不息，其原因何在？”

赵普回答说：“因藩镇的势力太强大了，皇帝势弱而臣子势强，自然无法控制局面。当今之计，只有稍微削减他们的权力，控制他们的钱粮，收编他们的精兵，天下自然就会安定。”

话未说完，太祖就说：“你不用再说了，我已经知道。”过了不久，太祖和老友故将石守信等人饮酒，酒酣耳热之际，命令左右伺候的人退下，对他们说：

“我如果不依靠你们的力量，不可能有今天的金殿龙袍，我将永远铭记你们的恩德，每时每刻都不忘记。然而做天子也十分困难，简直不如当节度使快乐。我现在整夜寝不安枕啊！”

石守信等人问：“为什么呢？”

太祖说：“这不难知道，身居我这个位置的人，谁不想将我干掉。”

石守信等人惶恐万分，向太祖叩头说：“陛下为什么说出这样的话呢？”

太祖说：“不是这样吗？你们虽然没有这个野心，但你们手下的人想富贵啊！一旦他们将皇袍给你们穿上，就是想不做皇帝，也是不可能的了。”

石守信等人都叩头哭泣道：“我们虽愚蠢之至，还未到这种地步，只求陛下怜悯我们，给我们指出一条生路。”

太祖于是说：“人生短暂，如白驹过隙。想求富贵的人，不过多得些金钱，使自己优裕享乐，使子孙不受贫乏之苦。你们何不放弃兵权。选择些好田宅买下来，为子孙创立永久的产业，多多购置一些歌姬舞女，成天饮酒作乐，以终天年。我们君臣之间也免去互相猜忌怀疑，不也很好吗？”

石守信等人再次拜谢太祖：“陛下能替臣等考虑得这般周到细致，真可谓同生死的亲骨肉啊！”

第二天，他们几个人都以自己有病为由，无法继续任职，请求太祖解除了他们的兵权。

引石攻玉，用谈判语言来说也叫“引起竞争”，是谈判者、辩论者可资运用、行之有效的基本回话策略。

◎ 以迂为直，兜圈回答

目标在东而先向西，欲要进攻先行退，避其锋芒，迂回诱导，这是以迂为直的方法在论辩和回话中的应用。表面上看，这是放着直道、近路不走而走曲道、远路，实际上走的却是一条达到目标的直道、近路。

公元前265年，赵国的赵太后刚执政不久，秦国便发兵来进攻。赵国求救于齐国。齐国提出必须以赵太后的儿子长安君做人质，才肯发兵相救。但是赵太后舍不得小儿子，坚决不允。赵国危急，群臣纷纷进谏。赵太后坚决地说：“从今日起，有谁再提用长安君做人质，我就往他脸上吐唾沫！”大臣们不敢再说了。

有一天，老臣触詟要面见赵太后，赵太后认为触詟一定是来劝说自己用长安君当人质的，她真的摆开了吐唾沫的架势。没想到触詟慢条斯理地走进来。见了太后，关心地说：“老臣的脚有毛病，行走不便，因此好久未能来见您，我担心太后的身体不舒适，今天特地来看望。怎么样？您的饭量没减少吧？”太后答道：“我每天多吃粥。”触詟又说：“我近来食欲不振，但我每天坚持散步，饭量才有所增加，身体也渐好。”赵太后听触龙的每句话都不提人质的事，怒气也渐渐消了。两位老人亲切地攀谈起来。

谈着谈着，触龙向赵太后请求道：“我的小儿子叫舒祺，最不成才，可是我偏偏最疼爱这个小儿子，恳求太后允许他到宫中当一个衙士。”太后眼睛一亮，赶紧问触龙：“他几岁了？”触龙答：“15岁。他年岁虽小，只是我想趁我在世时托付给您。”赵太后听到触龙这些爱怜小儿子的话，觉得找到了感情上的慰藉，说：“真想不到你们男人也爱怜儿子啊！”触龙说：“恐怕比你们女人还胜一筹呢！”太后不服气地说：“不会的，还是女人更爱儿子。”

触龙见时机已到，于是把话题引申一步，说：“老臣认为您爱儿子爱得不够，远不如您爱女儿那样深。”太后不同意触龙的这个说法。触龙解释道：“父母爱孩子，必须为孩子做长远的打算。想当初，您送您女儿远嫁燕国时，虽然为她的远离而伤心，抱着她哭，可是又祷祝她不要返回，希望她的子子孙孙相继在燕国为王。您为她想得这样长远，这才是真正的爱。”太后信服地点了点头。触龙接着说：“您如今尽管赐给长安君许多土地、珠宝，如果不使他有功于赵国，您百年之后，长安君能自立吗？所以我说，您对长安君不是真的爱护。”触龙这番话阐明了对儿女要从长远着想，才是真爱的道理，说得赵太后心服口服。太后立即吩咐给长安君准备车马礼物，送他去齐国当人质，催齐国出兵。齐国很快就出兵解了赵国之围。

触詟劝说赵太后，是运用以迂为直策略的典范。

这种“以迂为直”的回话和说服策略，在正面“强攻”不下的情况下，不失为一种灵活有效的办法。因为它把明确的目的性与战术的灵活性结合起来，避对方所长，攻对方所短；进攻的路线又带有隐秘性，并符合对方的心理需求，所以容易在对方戒备不严的情况下，逐步诱使其不知不觉地接受自己的观点。

在运用这种方法时，要注意以下两点：

一是要顺着对方的心理趋势进行回答和说服。顺着对方的心理趋势，很重要的是以对方的认识基点为起点。不管对方认识如何，它总是一个客观存在。因此，使用此法最忌讳的是一开始就提出分歧观点。

二是要积极主动地表示对对方的认同和肯定。对对方的谈话中表现出来的观点，只要是同意的，就应立即做出表示赞同的反应，但不宜太直接、太露骨。要表现得若无其事，和对方谈些他们感兴趣的事，使自己的诚恳感情渗进对方的意识里。要巧妙寻找话题，要适时适度赞美，通过你的发挥，对方与你的共同点得到了强调，有助于抵消对立的情绪。

◎ 以子之矛，攻子之盾

两个互相反对或互相矛盾的判断不可能同时为真，其中至少有一个是假的。通过分析对方的话语，抓住其中自相矛盾的地方，然后加以揭露，“以子之矛，攻子之盾”，对方的论点也就不攻自破，从而让自己的反驳回话一举奏效。

在说服、谈判、辩论等沟通活动中，我们要善于从对方的言辞中捕捉逻辑矛盾予以反击，让对方陷入自相矛盾的境地。

在古希腊，智者派代表人物克拉底鲁常常搞一些诡辩。亚里士多德在驳斥他时，就使用了反矛盾律技巧。

克拉底鲁认为：“我们对任何事物所做的肯定或否定都是假的。”亚里士多德反驳说：“克拉底鲁的命题等于说‘一切命题都是假的’，这一说法在逻辑上是自相矛盾的，因为如果一切命题都是假的，那么，‘一切命题都是假的’这一命题本身也应当是假的；如果认为‘一切命题都是假的’这个命题并不包括克拉底鲁的命题在内，那就承认有了例外，这样，‘一切命题都是假的’这一命题也就不能成立了。”

亚里士多德的反驳确实有力，他发现对方诡辩中包含着自相矛盾，用对方的一个判断去否定另一个判断，从而推翻了诡辩者的命题。

1983年，美国国务卿舒尔茨访问我国，邓小平会见了他。

双方在谈到湖广铁路债券案时，邓小平指出，湖广铁路债券案纠纷，不过是某些人荷包里装着的东西，随时可以拿出来在中美关系上制造麻烦，美国政府应该制止这种行为。

舒尔茨解释：“美国的司法制度是独立的，政府无权过问。

起诉的几个美国人，无非是想索取一些赔偿，并非制造事端。”

邓小平驳斥说：“如此说来，美国实际上有三个政府——国会、内阁、法院。叫人家究竟同哪一个政府打交道才好？如果说美国人有权向我们索取赔偿，那么我们中国人民一百多年来遭受帝国主义的侵略压迫，蒙受了那么大的损失，难道不可以判你们都来赔偿？”

面对舒尔茨的矛盾观点，邓小平从多种层次、多种关系、多种现象进行分析：先指出美国实际上有三个政府，这三个政府究竟谁代表美国，这是做横截面的矛盾分析；然后又针对中美关系发展的进程，做纵向的矛盾分析，并将横向思考和纵向思考综合起来，从纵横矛盾的分析中，揭露其实质问题予以反驳。

揭露矛盾，有很多行之有效的方法，可以直接揭露出对方前后出现的明显矛盾，也可以揭露其论点隐含着的矛盾，还可做出一个真实的与论敌观点相矛盾的命题。这些方法运用得当，可发挥批隙导窾、摧枯拉朽的战斗力，令对方无可奈何。

◎ 釜底抽薪，击其软肋

与人交谈中，有时对方会提出一些刁钻古怪的选择性提问。通常，这种提问是有预谋的，它能置人于“二难”境地，无论你做出哪种回答都于己不利。对付这种提问的一个具体技法是，从对方的选择性提问中，抽出一个预设选项进行强有力的反诘回答，从根本上挫败对方的锐气，这种技法就是釜底抽薪。

当对方的论据与论题的关联不紧或者背道而驰时，我们可以采取釜底抽薪的回话技法，从根本上矫正对方论据的立足点，对某些概念进行正名，使其正本清源，还原归位，使其恰好为自己的反驳回话服务。说服力强，震撼力大，最重要的在于可信度高。

中国第一位马克思主义者李大钊在法庭上受审时，法官杀气腾腾地说：

“李大钊你听着：你自小缺少教育，青少年时期就不老实。天生一副反骨，处处与政府作对。踏上社会之后，你一天也没有消停过……”

李大钊极为镇静地反问：“法官大人，你说的都是些虚夸不实的词儿。什么反骨啦，消停啦，这算什么犯罪事实？”他继而笑着反击道，“我要审问你们可有根据。你，主审法官何丰林，曾伙同张作霖，一次就谋杀376人，犯有十恶不赦的杀人罪……”

何丰林气得脸色铁青，嘴唇发抖，暴跳道：“不准你胡说八道！”

李大钊审时度势，抓住时机，及时反驳，效果非凡。

我们还要跳出“非此即彼”的束缚。如果以定势思维被动答问，就难以跳出“非此即彼”的框框设定。跳出“非此即彼”的框框，就能够釜底抽薪，以倒树寻根之势推翻对方作为预设选项的正确性。

在一场关于“思想道德应该适应（超越）市场经济”的论辩中，反方和正方都摆出了必胜的架势。

第一回合拉开架势，反方说：“雷锋精神到底是无私奉献精神还是等价交换精神？”正方说：“对方错误理解了等价交换。等价交换就是说，所有的交换都要等价，但并不是说所有的事情都是在交换，雷锋还没有想到交换，当然雷锋精神谈不上等价了。”

第二回合拉开架势，反方说：“那么我们的思想道德的核心是为人民服务的精神，还是求利的精神呢？”正方说：“为人民服务难道不是市场经济的要求吗？”

正方赢得了热烈的掌声。

我们有时可能直接指出对方论据的虚假，但当情况还不明朗时，我们可以创造条件，釜底抽薪，戳穿对方虚假的论据。其要领是以某种动作行为为论据，同时辅以一定的语言叙述进行论证。

◎ 先发制人，先声夺人

先发制人就是在时间上抢在对手前面，抓住对方话题和论点的要害，趁对方未及预防，以突然反驳的方式和一气呵成的语势，挫败对方的心理防线，从而让自己的回击奏效，一举获胜。

在“西安事变”和平解决后，张学良没有听从共产党的劝告，送蒋介石回南京，结果被蒋介石扣押起来了。

东北军中的青年军官得知张学良被蒋介石扣押，便把本应针对蒋介石的仇恨，发泄到东北军的高级将领身上，还错误地认为共产党没有把他们的司令官救回来。他们暗杀了几名东北军高级将领后又杀气腾腾地闯进周恩来同志的住处。

在这紧急关头，周恩来镇定自若。他霍地站起来猛地一拍桌子，先发制人说：“你们要干什么？你们这是要救张副司令吗？你们的行动恰恰是帮了蒋介石的忙！是蒋介石所欢迎的！你们以为这样干就可以营救你们的张副司令回来吗？不！这恰恰是害了张副司令！因为你们的行动破坏了团结，分裂了东北军！你们在犯罪！”

面对一伙杀气腾腾的人，周恩来没有畏惧，也没有施以耐心劝导，而是先发制人，句句在理，无可辩驳。结果，不仅煞了他们的威风，打消了他们的气焰，而且使他们感动得流泪，跪下来向周恩来认错请罪。

俗话说：机不可失，时不再来。要想使自己的回答达到目的，就必须善于把握时机，选择最佳地点、最佳时间、最佳气氛，一鼓作气，发起猛攻，以便取得最佳的效果。

无论是在论辩、谈判，还是其他的语言交际过程中，争取主动是取得胜利，达到目的的根本手段。俗话说：先下手为强。

唇枪舌剑的论辩恰如刀光剑影的战争，应力争主动地位，趁对方不加防备或没有做好准备的时候，先下手以取得先机之利，达到控制对方的目的。先发制人就是这样一种抢先制胜的回话和反驳谋略。

在运用“先发制人”这一回话技法时，要注意以下几点：

（1）观点论述要全面、准确，对论题的分析与论证必须抓住实质，避免在枝节问题上纠缠不清。

（2）语言运用要紧贴论题，能够抓住听众的情绪，避免自己说自己的，而不管听众的反映。

（3）对问题的分析，要注意多侧面、多角度地综合，全面论述，避免只按照正面思路一味地讲大道理，顺着一个思路延伸。

◎ 反守为攻，夺回话头

在说服和论辩中，当单纯防守并不足以保卫自己时，我们就必须抓住对手说话中的矛盾，反守为攻进行回击，变劣势为优势，变被动为主动，争取论战的制高点，将对方一举驳倒。

战国初期，楚平王荒淫无道，在大臣费无极的怂恿下父纳子妻，把秦哀公的长妹孟嬴纳入宫中。平王怕事情败露，不可收拾，又听信了费无极的坏主意，把太子建调离京师，派往城父去镇守。临行前平王假惺惺地命令奋扬负责保卫太子，并嘱咐说："你侍奉太子就要像侍奉我一样。"

次年，孟嬴为平王生了一个儿子，平王许诺要立其为"太子"以接王位，但又碍于太子建还健在。费无极看出了楚平王的心思，便趁机造谣说："太子建与伍奢合谋勾结齐晋两国兴兵造反，以雪被平王夺妻之恨。"

荒淫昏庸的平王听信了谗言，便密令奋扬"杀太子受上赏，纵太子当死"。奋扬痛恨平王荒淫无道，滥杀无辜，便把平王的密令报告太子，让太子赶快逃走。然后自缚去见平王，并报告说："太子已逃走，我是来请罪的。"

平王听后大怒，喝问道："命令是我下的，只有你知道，究竟是谁通知太子建逃走的？"

奋扬直言不讳："是我如实地向太子建报告的。"

平王一听，气得暴跳如雷，恨不得挥刀劈了他，呵斥道："你既然放走了太子，却又来见我，难道不怕被按抗君之罪论处吗？"

奋扬毫无惧色，从容答道："我前往城父之时，大王命令我'像侍奉大王一样来侍奉太子'，我是奉了您的命令，像救大王一样救了太子！我没有罪，有什么可怕的呢？如果大王责备我不遵从您后来的命令，加罪于我而把我杀掉，我是为救太子而被杀的，虽死犹荣，又有什么可怕的呢？更何况我了解太子并没有造反的形迹，我们无辜地杀害无罪之人，即使我无罪而被杀，虽死无愧，又有什么可怕的呢？太子无罪而逃生了，比我的生命更有价值，我就是死了也甘心，又有什么可怕的呢？”

奋扬的一番话使平王十分感动，便赦免了他，仍然让他任城父的司马。

奋扬对平王的辩白，反守为攻，步步为营，四个“不怕”，据理自辩，立足主动，稳扎稳打地层层辩驳，终于使昏庸之王深感惭愧，改变初衷。

运用反守为攻回话技术，要注意好“守”与“攻”的关系，以守争取时间，等待时机，一旦条件成熟，奋起反击，决不手软。

CHAPTER 8

看对人回对话，跟任何人都对答如流

交谈中，我们面对的听众身份复杂，性格迥异，这就要求我们有强烈的对象意识，以便区别对待，因人回话。

正所谓“射箭要看靶子，弹琴要看听众”，回话如果无的放矢，不看对象，那是肯定没有效果、达不到目的的。看清对象，回话才能一语中的。因人回话，面对任何人任何场合都对答如流！

◎ 性格不同，回答有别

性格，是对人、对事的态度和行为方式所表现出来的心理特征。一个人的性格特征通过自身的言谈举止、表情等流露出来。

例如：那些快言快语、举止简捷、眼神锋利、情绪易冲动的人，往往是性格急躁的人；那些直率热情，活泼好动、反应迅速、喜欢交往的人，往往是性格开朗的人；那些表情细腻，眼神稳定，说话慢条斯理，举止注意分寸的人，往往是性格稳重的人；那些口出狂言，自吹自擂，好为人师的人，往往是性格骄傲自负的人；那些懂礼貌、讲信义，实事求是、心平气和、尊重别人的人，往往是性格谦虚谨慎的人。

对于这些不同性格的人，和他们交谈、回话时要具体分析，区别对待。回话方式与对方性格相投，自能一拍即合。

罗斯福总统未成名之前曾参加过一个宴会。他看见席间坐着许多不认识的人。这些人是认得罗斯福的，不过因为他们和罗斯福的地位不同，所以虽然认识罗斯福，但却非常冷谈。那时罗斯福刚从非洲回来，正在预备1912年选举的第一次旅行。罗斯福看见这些人对他没有表示友好的意思，立刻想出一个办法，故意拿出几个简单的问题，去问那些不相识者。

陆思瓦特博士是筵席上的主人，那时，正坐在罗斯福的身边。罗斯福凑近他轻轻地说："请把坐在我对面那些客人的情形告诉我一些！"陆思瓦特把每个人的性情特点都大略告诉了他。罗斯福了解到每个人的性情以后，立刻就有了适宜的谈话资料和回答依据，接下来他就从容地与席间的人交谈，并能够自如地回答他们的各种问题。

不同的人接受他人意见的方式和敏感度是不同的，因此要针对对方的性格来回话，性格不同的人，与之交谈和说话的方式也要有所不同。

喜欢婉转的，回答时就说流利的话；喜欢亢直的，回答时就说爽快的话；喜欢学问的，回答时就说高远的话；喜欢家常的，回答时就说浅近的话；喜欢诚恳的，回答时就说朴实的话。如此等等，只有知己知彼，才能对症下药，收到最好的沟通效果。

◎ 弹琴要看听众，回话要看对象

日本社会心理学家古烟和孝说得十分中肯："即或是最有效的发送者传播最有效的信息内容，如果不考虑接受者方面的态度及其条件，也不能指望获得最大效果。”这话意在强调要针对交谈对象斟酌说话方式和回话内容。

春秋时的邓析说：“夫言之术，与智者言，依于博；与辩者言，依于要；与贵者言，依于势；与富者言，依于豪；与贫者言，依于利；与勇者言，依于敢；与愚者言，依于说。”邓析的话，归结到一点，就是要针对不同对象的不同情况，采取不同的对策，回话要因人而异。

有人夸张地把社交场形容为“战场”，意即舌锋之战。要想成功地取得战斗的胜利，就必须知己知彼，看人说话，因人回话。

1．了解情况

即了解对方的一些经历和生活状况。人的思维方式各不相同，他有他的生活愿望，你有你的生活观点，交谈能否融洽则在于你话题的选择。假如你不了解他的生活困难，而在那里大吹特吹打高尔夫球或是环球旅游的乐趣，他肯定提不起兴趣和你谈下去，但倘若你告诉他一条快速致富的门路，不用你说下去，他也会提问的，因为这正是他所关心的。

2．积累经验

在交谈回话中，经验是很重要的。对于应酬的话题和场面，应该具有一定的经验，否则就会处于一种不利的局面；对于所涉及的话题应有专门的知识，当你和对方谈到某一件事时，你必须对此确有认识，否则说起来便缺乏吸引力，不能让对方感兴趣，也无法与他人说到一起。

对事物要有衡量其种种价值的尺度，不要过分地坚持某一个看法；如果有必要对事情保守秘密（一个人不能保守秘密，会在任何事件上都出现很多过失），就不要说得太多，想办法让别人多说。如要对人亲切、关心，应竭力去了解别人的背景和动机。在交谈当中，一厢情愿的谈话往往会让对方厌恶。不该说话的时候说了，是犯了急躁的毛病；该说话的时候却没有说，就失掉了说话的时机；不看对方的态度便贸然开口，则是闭着眼睛瞎说。

3. 区别对待

应清楚对方的身份和性格特征。性格外向的人易于“喜形于色”，可以和他侃侃而谈；性格内向的人多半“沉默寡言”，对他则应注意委言婉语循循善诱；刚愎自用的人，则不宜循循善诱，可用刺激的回话激他；脾气急躁的人，回话要简明快捷；思想顽固的人，要看准他的兴趣点回话，进行转化。

不根据交谈对象回话，如同无的放矢，说话漫无目标，自然也产生不了效果，达不到目的。因此，在交谈中区别对待交际对象，是人际交往和沟通取胜的关键。

◎ 回答有差异，因人而异来回话

在与人交流的过程中，有时需要回答对方提出的问题，有时需要接过对方的话题以进行深入的交谈。交谈的对象不同，回话也应当有差异。只有针对特定的对象来回话，你的回话才能得到对方的理解，被对方接受，才能产生效果。

具体来说，针对不同的对象回话或请托应考虑以下几个方面：

1. 年龄差异

对年轻人宜采用鼓动性的语言；对中年人应讲明利害，供他们斟酌；对老年人应以商量的口吻，尽量表达出尊重的态度。

2. 性别差异

男性需要采取较强有力的劝说语言；女性则可以温和一些。

3. 性格差异

若对方性格豪爽，便可单刀直入；若对方性格优柔，则要“慢工出细活”；若对方生性多疑，切忌处处表白，应不动声色，使其疑惑自消等等。

4. 兴趣差异

凡是有兴趣爱好的人，当你谈起有关他的爱好这方面的事情时，对方都会兴致盎然。同时，对你无形中也会产生好感，为你办事成功打下良好的基础。

5. 职业差异

要运用与对方所掌握的专业知识关联较紧密的语言与之交谈，对方对你的信任感就会大大增强。

6. 文化差异

一般来说，对文化程度低的人所采用的方法应简单明确，多使用一些具体数字和例子；对于文化程度高的人，则可采用抽象说理方法。

7. 地域差异

生活在不同地域的人，所采用的劝说方式也应有所差别。如对我国北方人，可采用粗犷的态度；对南方人，则应细腻一些。

◎ 与陌生人谈话，自然大方

初次与陌生人交谈，由于双方素不相识，没有相互了解的基础，如果不注意讲话和回话的基本要求，双方就很难沟通。

与陌生人之间的交谈、回话应做到：

第一，温和友善，彬彬有礼

温和友善与彬彬有礼是与陌生人交谈的前提。只要以礼貌友善的态度进行交谈，双方就会很快地进行交流。

第二，话语中要适当考虑措辞

有人认为，同陌生人说话没什么诀窍，想怎样说就怎样说。这种认识其实不完全对。当然，说话不是写文章，不可能斟酌字句，但也绝不是想怎样说就怎样说。尤其在比较重要的交往中，怎样说好每句话，回答好每一个问题，主观上还是要经过一番考虑的。

第三，神态应自然大方

与陌生人交谈、回话，语气要亲切，言辞要得体，态度要落落大方。为了吸引听者的注意，使言谈显得有声有色和增强感染力，在对话和回话中也可加进一些手势，但动作不要过大，更不要手舞足蹈或用猥琐和低声下气的表情，如企图以鄙薄自己来取悦于对方，这样做，无异是在贬损自己的人格，主观上想讨好对方，结果可能适得其反，换来的是对方的轻视。只有以不卑不亢的态度去交谈，回应对方，才有利于双方平等地交流思想感情，并获得对方的信任和尊重。

第四，寻找自己与陌生人之间的共同话题

以此找出共同语言，引起共鸣，缩短双方的距离。如果你对陌生人的爱好显出浓厚兴趣，通过他的爱好表明自己的爱好，交谈也会顺利进行。

第五，说话时要认清自己的身份

任何人，在任何场合说话，都有自己特定的身份。这种身份，也就是自己当时的“角色地位”。在交谈、回话时，首先你就要认清自己是以什么身份和那个人说话。

第六，随机应变

看准说话的机会，适时插入交谈，适当回话，并且不失时机地介绍自己的情况，让对方充分了解自己。如果陌生人能从你的话中了解你豁达的性格，双方会更亲近。

◎ 与名人对话，不卑也不亢

与名人交谈时，不要有害羞畏怯的心情，只要真正表现你内心的意思，你就能与任何名人开口说话、回应名人的话题。

有些人对名人只是一味地说些奉承话及空洞话，这样是不能使对方愉快的。如果你是真诚的，那你就把深烙在内心的印象，说给他听，他会深深感到愉快，但所用的措辞和说话的态度都要得体。你可以把他视为一位有血有肉的人来对待，不要把他视为什么超人。他也实实在在像任何人一样，敌不过疲倦，也承受不住伤害。他们可能比你更脆弱，而且与你一样害羞。不要认为他的人格真的就如他借以出名的职业一样。他向公众所投射的信心、睿智、仁慈、滑稽或情感等影像，实际上是杜撰的。

当你同时应付两位名流时，不要只顾你所景仰的那位，而置另一位于不理。这会使他们两位都不自在。你应该说，遇见两位，真是使人兴奋，如果你想和他们继续交谈，那么你必须保证话题是他们二位都能表达意见的。换句话说，你要确保三人交谈的方式。如果你对另一位名人并不熟悉，而且在经过介绍之后，你仍想不起有关他的任何事迹，你也不能对他有所疏忽。你必须一视同仁，表现同样的热情和友善。

名人的身份、地位、名气等也各不相同，因此，与名人之间的交谈、回话也应当有所区别，灵活应对。

作家、诗人、画家、音乐家等从事创作性工作的人，虽不大喜欢说话，但这些人往往对政治乃至于宗教，都有广泛的兴趣。他们在社交场合也许不活跃、不自在，但他们有启发人们思想的独见，和他们说话，回答他们的话题，必须耐心，不要轻易动怒，也不要太热切，要温和、冷静和体贴，就像应付任何敏感的人一样。

名气一般的名人，总是生活在情绪不稳定的状态。他们内心的恐惧，使他们脆弱敏感，别人稍有疏忽就会激怒他们，而且他们也容易傲慢。然而，他们绝对需要你的尊重和顺从，他们的名气愈小，他们对于亲切、尊重的需要也就愈大。因此，与他们交谈，回应他们的话题，就要表现出你的尊重，千万不要因为语气不当而使他们感到你冷落、轻视了他们。

在多数情形下，与名人谈孩子是不会错的。你可以问对方有几个孩子，多大了，他们现在在哪儿，以及孩子读的学校好不好，学习成绩好吗……如果你也当了爸爸或妈妈，那么，你就更具备和他们谈孩子的资格了。你可以告诉他们，你的孩子已经长大，或和对方的孩子同龄，你也可以向他们表达，你对孩子染头发的感觉，或孩子喜欢搜集小动物，等等，不过话题不要扯得太远，要适可而止，更不要把所有的秘密都抖出来。

◎ 恋爱男女如何互传爱慕之情

生活需要爱情，爱情是令人迷恋的交响乐，那么恋人之间该如何表达爱情呢？当然，主要是靠语言沟通和回话来完善感情交流的。

爱情的表达和回答本无定式，传递自己心声、回应对方心意、完善感情交流的恋爱语言有含蓄和直率之分，含蓄和直率，各有千秋，各有价值，就看你怎么把握，怎么表达。

归纳起来，表达爱情、回应恋人心意有如下方法：

1. 暗示法

陈毅和张茜是一对情爱甚笃的革命情侣，早在20世纪30年代的戎马生涯中，陈毅对张茜就产生了一种超常的感情，为了暗示自己深切的爱慕之情，使这种感情能顺利发展下去，结出沉甸甸的爱情之果，陈毅苦心“经营”了一首诗《赞春兰》，送给了张茜（当时张茜的名字叫“春兰”）。

诗中这样写道：“小箭含胎初出岗，似是欲绽蕊露黄。娇艳高雅世难觅，万紫千红妒幽香。”

张茜从这首诗中领悟了陈毅的深情，从此两个人确定了恋爱关系，这首《赞春兰》也就成了他们之间“定情”之物。

2. 以物传情法

以物传情法，就是在运用语言表达爱情的同时，借用物品传达情意，也起到了含蓄地表达爱情的目的。

几十年来久映不衰的美国著名影片《魂断蓝桥》，其女主人公玛拉将自己心爱的象牙雕“吉祥符”送给男主人公罗依，请看他们几句简单的对话：

玛拉（从车窗伸出手，手中拿着“吉祥符”）：“这个给你！”

罗依：“这是你的‘吉祥符’啊！”

玛拉：“也许会给你带来运气，会的。”

罗依：“我已经什么都有了，你比我更需要它。”

玛拉：“你拿着吧，我现在不再依赖它了！”

罗依（接过“吉祥符”）：“你真是太好啦！”

玛拉（对司机）：“到奥林匹克剧院。”（对罗依柔情地）“再见！”

罗依（依恋地）：“再见！”

玛拉和罗依是一见钟情的，这些对话虽然没有直言爱情，但从赠送“吉祥符”的对话中，双方都已含蓄地表示了爱慕之情。在坞拉死后，这个不起眼的吉祥符，多年来一直在罗依的身边保存着，而且保存了一辈子，成为他们纯真爱情的象征。

3. 表示关心法

许多人表示爱情都从自己的角度来表示，如果采用从对方的角度表示关心，从而流露爱情，可以收到更好的效果。

鲁迅先生的《两地书》中，收进了他写给夫人许广平的许许多多信件，记载了这位文学巨匠表达爱情的特殊方式。如信中常这样写道："应该善自保养，使我放心。""你如经过琉璃厂，不要忘掉了买你写日记用的红格纸，因为已经所余无几了。你也许不会忘记，不过我提醒一下，较放心。"这些关怀备至、体贴入微的话语，比起那种空洞无物的抒情、赞美话语来说，要有感情得多了。

在日常生活中，如恋人生日，为他（她）举办生日晚会；在两地工作的，向恋人寄生日卡片，打电话，发短信，发E-mail，祝贺其生日。种种向对方表示关心的方式，都可以在一定程度上含蓄地表示爱情。

4. 表达感受法

在表达爱情的时候，采取不直接表达爱的要求，而是表达爱的感受，同样可以起到表达爱的作用。

例如说："我喜欢和你在一起"，就可以说，"我和你在一起的时候，总觉得时间过得那么快，真是光阴似箭；和你分别后，又觉得时候过得那么慢，像是度日如年"。

又如说："我十分想念你"，就不如说，"真不知怎么搞的，每当我做完工作，一静下来，你就在我的脑际浮现，我就想起我们在一起的那些日子"。

◎ 夫妻对答，“废话”也温存

让我们先看一些生活的情景。

妻子回到家，推开门，丈夫劈头就问：“怎么这么晚才回来？”而妻子也许遇上了不顺心的事，已经是急匆匆地赶回家来的，一听这话就火了，回道：“我晚回来关你什么事？管头管脚，你样样都要管？”丈夫也火了，反唇相讥：“我问错了？我问你怎么会这么晚才回来，又有什么不对？”

单单把丈夫的话写出来分析，是没有什么不对，他要了解一下妻子晚回来的原因，其中包含着关心的意思。那么，问题出在哪里了呢？让我们来看看，要是给这些话加上点无关紧要的看似“废话”的问话、回话，效果会怎么样。

丈夫说：“阿玲，你回来了！今天好像晚了点……”其实，你别问下去，妻子就会说明晚归的原因了。同样问询晚归的原因，加了几句多余话，却让人感到亲切和体贴。

同样，如果丈夫那句直率的问话已经出口了，妻子在回答时注意加上一二句无关紧要的“废话”，比如说：“你瞧，我这不是回来了？”或者：“真对不起，让你等急了吧？”这样，两个人也不至于吵起来，即使妻子不忙解释原因，丈夫焦急和不耐烦的心情也能缓解了。

对于这种近乎于婆婆妈妈的事，做丈夫的往往很不在意。比如：

丈夫马上要上班了，温柔细心的妻子反复叮咛：“中午饭后别忘了吃药”“下午天要冷的，带件衣服走吧。”丈夫不耐烦地回道：“你有完没完？年纪还不大就这么唠唠叨叨的。”试问，妻子这时会怎样想？妻子自然会感到伤心和委屈。她还会联想到当初恋爱时，每次分手，“你别饿着”“过马路要当心”之类的话不知说了多少遍。那时，说的人甜滋滋的，听的人乐陶陶的，同样的话，为什么如今却惹人讨厌了呢？

再如，丈夫回到家里，把该买的买回来了，该做的做了。妻子问什么答什么，一言两语、干净利落。可是，妻子总觉得还缺少点什么，同姐妹们唠家常时，不无埋怨说：“我那口子老实得像块木头，三拳头打不出句话来。”原来，妻子内心在期待着丈夫除了讲这些最“实用”的话之外，再加一些温存的“废话”。

人们在恋爱的时候，需要许许多多这类多余的话。你待我好，我心里感到暖和，我对你爱，你更觉得热乎乎的，一言一语，一举一动都充满着只有对方才体会得到的情意。可是，在婚后夫妻交往中，对这种多余度的要求减少了。从个人的感觉来说，既已成夫妻，再说那些“年轻人”的火热的话似乎有点不好意思。夫妻间事务性的“正经话”越来越多，含情脉脉的“没用话”则越来越少。时间一长，对方都会感到失去了什么，逐渐产生“家庭是爱情的坟墓”之感觉。

注意一下人们从恋爱到结婚乃至家庭生活的不同阶段中对语言交往冗余度要求的变化，有助于夫妻间保持亲密和谐的关系。

例如，丈夫不慎丢失了20元钱，回家对妻子说了。妻子既感到可惜，又埋怨丈夫不谨慎，不停地唠叨起来。她从丈夫平时大大咧咧的作风讲起，举了日常生活中许许多多实例，叮嘱丈夫下回要把钱放好……丈夫理亏，感到妻子讲得在理，然而，妻子的这种分析和叮嘱，翻来覆去，没完没了，不由得惹出丈夫的回击："你还有完没完？"妻子也不客气地回答说："我说的没有道理吗？"

妻子说的都是对的，句句在理，反复叮嘱也是必要的。但是，冗余度太大了就让人受不了。最后，免不了要吵起来。其实，当夫妻一方有了过失并已认识到了的时候，对方不仅不能有过多的冗余，而且还要比往常更简略一些。设想一下，丈夫丢了钱，妻子听说后，简简单单回说一句："丢了就丢了，不过，你乱放东西的习惯是得改一改。"这句回话既把批评的意思讲了，又充满着对丈夫的信赖和体贴，充分维护了他的自尊心。因为这时丈夫自己也在懊恼和反省，妻子只须点一点，就足够引起他的重视了。

由此可见，在家庭中，夫妻双方适度说些多余的回话，能够体现夫妻之间的尊重和体贴，这对于赢得爱人之心，还是必要和有效的。

◎ 应答7绝技，搞定面试官

面试时，主考官时不时会针对应试者的心理，提一些较难回答的问题，来检测面试者的综合能力。这些问题有些一听就不好作答，有的看起来简单，实则危机四伏，一不小心就会使自己陷入困境。

那么，面试时怎样才能成功回答主考官的问题，并让自己从众多面试者中脱颖而出呢？

1. 有问必答

不管是什么问题，都要做出回答。这是最基本的原则，对于考官的问题，有的虽然刁钻，但可能是测试你的应变技巧、反应能力，不管你反应能力如何，总得有一个答案，如果拒绝或者说“这个问题很难回答……”那么，你获胜的机会可能不大了。

2. 顺势回复

有些问题如果硬要回答会漏洞百出。比如，考官问你：“如果把这个职位交给你，你有什么样的工作计划？”如果你有很熟练的相关工作经验和对这个单位状况的分析，也许能说出个一二三来，否则，你就回答：“我只有在接手这个职位后，才能根据实际情况制定相应的工作计划。”这样会给考官留下你不尚空谈、比较注重实际的稳重型人才的印象。

3. 坦率回答

有些专业性很强的问题，如果你又确实不懂，就坦率承认，千万别说“我想想”，再怎么想也没有结果，只会给考官留下不懂装懂的印象，有时考官出这一类的问题纯粹是想验证一下你是否诚实，如果你坦率承认自己不懂，就正好通过了考官对你在这方面的测评。

4. 侧面回答

有些问题要想正面回答等于否定了自己，因此要设法将可能否定自己的话，转化成肯定自己的话。例如，考官问你是否曾在食品厂工作过，然而你却只在酒厂工作过。如果你据实回答这个问题，答案只能是“没有”。你可以这样说：“没在食品厂工作过。但我在酒厂工作多年，我认为酒厂与食品厂在某些工艺上有相似之处，而且企业管理应该是相通的。”这等于变否定为肯定的回答。

5. 大题小做

考官有时会问一些“很大”的题目，比如问“说说你自己”，至于说“你自己”什么，并没有限定，但他要的答案并不是“你自己”事无巨细的全部，因此，你必须“小”做，不要没选择、没目的地说起来。一般说来，“大”题“小”做的技巧是，围绕你应聘的职位来谈，以“说说你自己”为例，“小”在与应聘岗位相关的知识、技能、经验方面即可，考官如果有兴趣再了解你的其他情况，他会发问的。这样的问题往往出现在面试开始时，考官等于不出任何问题，而让你先打开话匣子，因此，你必须有意识地把话题拉到你的能力、性格优点、学识、经验等方面来，不能错过这样的好机会。

6. 反问考官

有些问题太过刁钻，而且实在无法回答，不妨反戈一击，反问对方，也能起到意想不到的效果。例如：

民国时期，某主考见一位朱姓考生知识渊博，思维敏捷，各类问题对答如流，突发异想，抛开原定题目，出了一道偏题：“《总理遗嘱》，每次纪念大会上都要诵读，请你回答一共多少字？”这下可真把朱某考住了。他暗想，主考出此题目未免脱离常规，既然有意刁难，录取必然无望，就不管一切，大胆反问：“主考官的尊姓大名，天天目睹手写，也已烂熟，请问共有几笔？”主考官想不到应考者竟会如此反问，一时愣住。事后，主考官十分赏识朱某的才能和胆识，于是亲自录用为县长。

7. 主动回答

如果考官问完了问题，又没立即结束谈话的意思，你可以礼貌地问一句：“不知道我说清楚了没有？请问你还有什么需要我介绍的？”这样主考官会认为你是一个反应灵敏、主动性强的有心人，从而对你另眼相看，你成功的机会也就大一些了。

◎ 如何回答领导才信任

领导是你的顶头上司，与领导相处，和领导谈话，回答领导的问题，要注意方式方法。

首先要摸清领导的性情爱好，对领导的背景、工作习惯、奋斗目标及个人的兴趣爱好有所了解。这不完全是为了讨好对方，而是要明白你该说、该做什么，不会因不明就里而使自己的回话和举止有所闪失。

其次要设身处地替领导着想，考虑领导生活习惯上的一些特点，体谅领导工作上的难处，考虑领导心理上的承受力，提意见、回答问题、汇报工作上的事情要多照顾领导的面子，不要使领导难堪。

再次，领导有不同的类型：比如，有的性格温和，为人谨慎；有的脾气暴躁，做事草率，对待不同的领导就应当有不同的沟通和回话之道。以下是回答领导问题的“应对战术大全”：

1. 对“工作狂”领导——听命

这类领导往往认为自己是天下最能干的人，加上精力过剩，热衷于工作，而且希望下属也都和他一样，变成“工作狂”。面对这样的领导，最佳对策就是甘拜下风，不断向他请教，令他永远感觉到你是在他的英明领导下努力工作，并取得成就的，这样反而可以得到他的赏识。

2. 面对霸道的领导——要有勇气

这类领导通常认为要不断威胁下属，才能让他们服服帖帖地干好活。当你预见到他将会对你恶语相向时，你必须事先就想好回敬措辞。当然，更重要的是不要被吓倒。

3. 面对疑神疑鬼的领导——每天给他一份工作报告

这类领导整天怀疑自己的下属偷懒不干活，所以在办公室经常导演“警察抓小偷”的游戏。遇到这样的领导，最好的办法则是每天给他一份报告，明白告诉他你今天都做了哪些工作，以打消他的疑心，从此他放心你也安心。

4. 面对优柔寡断的领导——帮他痛下决心

这类领导大都多谋少断，往往是已经定好的决策，只要别人提出一点修改意见，就能让他一次次改变初衷，底下人就要不断地重新来过。其实，你只要在让他不感到有失身份的前提下，大胆和他商讨一些决策，帮他痛下决心，再设法让他坚持下去就轻松多了。

5. 面对健忘型领导——不妨做个“老妈子”

有的领导很健忘，常常颠三倒四，也常常丢三落四，有时明明在前一天讲过的事，可两三天后，他却说根本没讲过。最好的办法是，当他在讲述某个事件或表明某种观点时，你多问他几遍，也可提出自己不同的看法，以故意引起讨论来加深领导的印象。最后，还可以对领导的陈述进行概括，用简短的语言重复给他听，让他牢牢记住。

6. 面对模糊型领导——“打破砂锅问到底”

有的领导布置工作时含糊笼统，没有明确具体的要求，既可理解成这样，又可理解成那样；有的前后互相抵触，下属根本无法操作和实施，一旦你去做了，他就会责怪说他的要求不是这样，你弄错了。对这样的领导，在接受任务时，一定要详细询问其具体要求，特别在完成时间、人员落实、质量标准和资金数量等方面尽可能明确些，并一一记录在案，让领导核准后再去动手。

7. 面对内向型领导——“隐秘型”回复

曾有心理学家分析指出，内向型的人比外向型的人更经常使用电子邮件。所以，如果你的领导是较为内向的人，相对于面谈或听电话来说，他可能更喜欢读e-mail，并以此方法与属下沟通。因此与内向型领导沟通时，你不妨多用e-mail与他交流。

8. 面对自私的领导————刚柔并济

如果领导喜欢把别人烹制的“佳肴”全部装进自己的碗里，不肯分出“一杯羹”，错了却要下属承担，这说明他自私自利、人格卑鄙。与这种领导相处，就须刚柔相济，既不可逆来顺受，也不可一味顶撞。在老板面前适当地维护一下自己的利益也是无可非议的，要让领导知道你做人是有原则的，忍让也是有限度的。

9. 面对平庸的领导——偶露峥嵘

如果你的领导平庸、没点子，你大可不必在意，完全可以以一颗宽容之心相对，“金无足赤，人无完人”嘛！一有为难的工作，就交给下属去干，只能表明领导的无能，但对下属来讲未必不是好事，至少多了磨炼的机会，多了显露才华的契机。“人在屋檐下，不得不低头”。基本的一条是要学会与其相处，如果你不想和自己过不去，最好就不要和这种领导过不去。

◎ 如何应答下属才肯听

在领导活动中，要时常面对下属提出的问题，诸如工作上的难题、人际方面的矛盾、薪酬待遇上的疑问等等，如何回答，怎样处理，将决定着领导工作能否顺利开展和进行。

领导者的语言对维护领导者形象，树立领导者威信，开展领导工作有着重要作用。领导者如何用自己的语言回答、说服并影响员工，是领导语言艺术的一个关键问题。

领导者要使得下属对你的话信服，听从你的指导并追随你，应做到如下几点：

1. 要有诚意，表现得平易近人

回答下属的问题，指出下属的抱怨，批评下属的错误，不是无中生有、让对方下不了台阶，而是要本着诚恳与善意的态度，平等地与下属进行交谈。这样有助于拉近你和下属之间的关系，让下属愿意与你交流。

2. 要有涵养

与下属交谈中，下属有时会对领导者的某些言行发表反对的意见，这就需要领导者有良好的个人修养，不能有什么过激的表示，否则，一定会使下属封闭自己的思想，不愿再同你交谈。另一方面也会破坏交谈气氛，使谈话无法继续进行。

3. 善于运用得体的语言

这主要是指在指出下属的错误时，要回避那些生硬、带有刺激意味的语言，而尽量选择那些既能表达本意又能使对方接受的语句。例如同是批评，“这一点你就大错特错”这句话，就不如“关于这一点，我认为正确的应该是……”易于让人接受。另外有些领导者习惯于一本正经，讲话呆板单调，庄重得令人感到压抑，以为只有郑重其事才得体，这种方式在个别交谈中是绝对不可取的。改正的方法是抛开官架子，适当增加幽默语言。

4. 话题从大处着眼，小处入手

回答下属的问题或是指出下属的错误，应当就事论事，不泛谈大道理。大道理的特征是空泛和抽象，个别交谈是一种推心置腹的活动，其特点是实在和具体，如果在这种场合仍像平时做报告一样对下属尽说一些不着边际的原则话，则会冲淡个别交谈的气氛，在下属心中竖起阻碍沟通的屏障。

5. 让下属充分发表见解

以理解和信任之情倾听对方的意见，这是领导者做好工作的基础。在个别谈话中，领导者不仅是问题的提出者。同时也是意见的吸收者。只有让下属吐尽心中话，领导者才能对症下药，做好有的放矢的工作。在让对方充分发表意见时领导者应做到：首先，做一个细心的听众，注重倾听对方的每一句话。

6. 给予下属积极的刺激与激励

时常肯定下属的进步和优异表现，是一种不错的选择。这样下属会更加信任你，形成一种良性循环。

7. 体现领导者的威信

虽然与下属沟通、回答下属的问题要以平等关心尊重为前提，但也不是说要一味迁就下属。作为领导，应该树立自己的威信，说话要威慑力，有这样才能使得下属对你服从。与下属交谈、回答和解释下属的提问，要寓刚于柔，刚柔并济。

◎ 同事之间，你问我答心连心

同事关系在现实生活中司空见惯，从分公司总经理之间到部门经理之间都存在同事关系。同事关系处理好，会使本部门工作左右逢源，更会使全局的工作配合得紧密有加。要处理好这样的关系，说话和表达是关键。

感情是人际关系的“协调器”。同事之间的关系应当融洽，互无“心理防线”。这样工作时才顺当，而且心情愉快。由于自己工作的好坏与同事无直接的利害关系，因而在寻求同事的配合或帮助时，你和他之间的“感情”则是他是否乐于帮忙的最重要的砝码。如果你和他感情甚笃，那么问题会迎刃而解，反之，不知道要费多少口舌。所以有经验的人总把加强与同事的感情放在处理同事关系的首位。

要善于主动与同事沟通，敞开心扉，疏通情感交流的渠道。若此，对方也会逐步开启“心理门户”。这样一问一答、一来一往感情自然会增进。同事之间，相逢开口笑，有助于解决某些分歧与矛盾。

喜怒哀乐是人之常情，同事之间难免有分歧、有磕碰，同事之间也难免有些分歧与纠葛，但常常都在一笑中了之。这说明笑是一种奇妙的语言，现实生活中，它既能表达敬意，也能表达歉意，还能表达谅解、宽恕等心情。不要表现愤怒，愤怒的情绪常常激起冲动，使同事之间关系僵化，有时甚至导致不可收拾的结果。每个人都要学会制怒，孙子曰：“主不可以怒而兴师，将不可以愠而致战。”特别是当有人别有用心搞自己的小动作时更是如此。

同事之间的批评也很重要，但要使这种批评真正得到良好效果并不容易。这里要讲批评的艺术，批评前首先要自问，我批评的是哪件事？是否有“千年谷子万年糠一齐抖”的嫌疑？对方有可能接受我的批评而改正吗？我期望对方改善到什么程度？我选择什么样的时机、方式和场合发表自己的意见？我能否对批评的意见负责任？对方有无可能曲解我的意图？

善于融批评于闲谈、娱乐之中，讲究艺术的批评才能获得良好效果。当对方幡然悔悟时，他就会反过来感激你。这样增进感情的目的就达到了。

◎ 铁嘴铜牙，应对客户对答如流

在销售过程中，客户通常是对销售员的推销持疑虑心理的，一般会提出这样那样的问题。而客户的疑虑和问题是否能够得到恰当的处理和答复，与销售人员的沟通能力和回话技巧有着密切的关系。

一个称职的销售员应该在与客户沟通的过程中，通过自己的努力说服和积极回复，消除客户心中一个又一个的疑虑，最终说服他们做出购买的决定。

1. 措辞得当

在与客户沟通、回答客户的提问时，要充分尊重客户的人格和习惯。委婉含蓄的语言能帮助你很好地表达。如客户提了意见，一时难以给予准确的评价，可以这样回答："您提的意见是值得考虑的，太感谢您了！"

2. 语速适中

聪明的销售员面对客户提问时，不会滔滔不绝、口若悬河地讲个没完没了，他们会根据需要放慢讲话速度，甚至停顿，有效地“牵”住客户的思维，让他们认识产品、了解产品，从而产生兴趣，做出购买决定。

3. 有理、有据、有节

有理，指的是要讲真话，说出自己的真实想法。你在推销时，有时会在观点上、感情上与客户产生分歧，可以说完全一致的情况很少。有时客户说的话、提出的问题是你所不能接受的，这时就要大胆地表达自己的立场、观点或想法。当然，在表述你的立场时，应该做到有根有据，这样才能够更好地得到客户的理解与信服。

此外，销售人员在与客户进行沟通、回答客户的问题时，还要有自我控制能力，即“有节”。每个人都有自己的利益、立场、观点和看法，也许客户的见解、主张与你不同，这时一定要保持冷静，寻求沟通，以达到互相理解。善于说话的推销员，不是针锋相对地和客户争吵，也不是面红耳赤地质问，而是温和地、沉稳地、微笑地、有理有节地交谈，回答客户的每一个问题。

4. 说话条理清楚

条理清楚指的是说话时要注意因果关系、前后联系和善于归类。在表达不同的思想时，要注意使用过渡、转折。如果一次谈话中要表达多个观点、见解，要注意使用“另外……”“还有一个问题……”“更重要的是……”等句式。这样，客户可以根据你的语言调整自己的思维，理解你表达的要点。

5. 满怀激情地回答、解释

客户总是喜欢与充满激情、开朗、面带微笑的销售人员谈生意，因为能得到愉快的心情和周到的服务。在销售中，销售员应该发自内心地去赞美客户，热情地回复和解释客户提出的每一个问题，让客户心情舒畅，使客户感到既能学到有用的东西，又能度过一段愉快的时光。

理想的销售业绩是建立在有效的沟通、回答、说服基础之上的。诚实可信、称呼得体、把握分寸、适时激发、突出重点、否定要巧、明确暗示等沟通和回话方式是成功销售的经验之道。在具体的销售过程中，销售员要根据客户的具体情况合理地运用。

◎ 辩论场上，问答齐下狠驳斥

论辩场上，唇枪舌剑，你问我答，互不相让，论辩一浪高过一浪。面对辩论对手的凌厉攻势，如何回答和反驳才能击其不意，抓住其痛处，取得辩论的主动权呢？

1. 诱其说“是”

日本明治时期的军事家大村益次郎是一位很善辩的人，甚至因此而养成了一种习惯。

有一次，邻人跟他寒暄：“您好，今天天气很热，是不是？”他不说“是”，而是答道：“夏天本来就是热的。”假若他顺着问题答道“是的，的确很热”，他就失去了自我防卫的态势，这已成为他惯常的思维模式。

在辩论中诱使对方说“是”，即指在论辩的开头切勿涉及有争议的观点，而应顺应对方的思路，强调彼此有共同语言的一面，从对方的角度提出问题，诱使对方承认你的立场，让对方连连说“是”，与此同时，一定要避免让对方说“不”，慢慢就能将对方引入“陷阱”。

2. 预设埋伏

商人威尔斯向皮箱行订购3000只皮箱，取货时却说，皮箱内层有木材，不能算是皮箱，并向法院起诉，要求赔偿15%的损失。在威尔斯强词夺理、法官偏袒威尔斯的情况下，律师罗文锦出庭为被告辩护。

罗文锦取出一只金怀表，问法官：“法官先生，这是什么表？”

法官说：“这是一只伦敦名牌金表。可是，这与本案没有关系。”

罗文锦坚持说与本案有关，并继续问：

“这是金表，事实上没有人怀疑。但是，请问内部机件都是（黄）金制的吗？”

法官知道中了“埋伏”，只好哑口无言。

预设埋伏，既出其不意，攻其不备，又简洁明了，使对方无话可说，无词可辩。

3. 借题发挥

借题发挥指的是在论辩中受到攻击时，可以不直接从正面答辩，而借助论敌提供的话题进行还击，从而改变论辩的局势。

4. 逼其亮底

在论辩中，你可想办法逼对方把你想了解的东西尽快说出来，以便早点对付之。其办法之一是把话说到一半就故意停下来，然后让对方接下去说，如："这么说，你的意思是……""照您的说法，它的意思是……"当你用这些半截子话去诱发对方时，对方十有八九会不假思索地把这句话按意思说完，这时，你就轻而易举地又多了一张"底牌"。

5. 穷追猛打

穷追猛打，是辩论中占有先机一方惯常采用的方法，其关键招式就是有答必有问。

没有经过专门训练、不够老练的队员，在自由辩论中往往不能处理好答与问的关系：或是只答不问，被对方牵着鼻子走，既先用完了自己的时间，又缺乏对对方的攻击力；或是只问不答，让评委和观众感到明显是在回避对方的问题，导致最终的失败。有答必问，即以机智的答辞反驳对方观点从而赢得全场掌声时，立即"反问"，使对方无任何喘气机会，最终在你的穷追猛打下，败下阵来。

◎ 谈判桌上，攻防兼备智应对

有问必有答。问与答构成了人们语言交流的重要形式。

谈判中的问答，更是一个证明、解释、反驳或推销本方观点的过程。“问”有艺术，“答”也有技巧。问得不当，不利于谈判；答得不好，同样也会使己方陷于被动。

通常，同样的问题会有不同的回答，而不同的回答又会产生不同的谈判效果。

在谈判桌上，发问者的提问动机是十分复杂的，而答复者的回答同样需要十分谨慎。它不同于日常生活中的一般问答，也不同于学术研究或知识考试中的回答，一般不以正确与否来论之，而是基于谈判效果的需要，要准确把握住该说什么，不该说什么，以及应该怎样说。因此谈判者要十分讲求谈判中答复的原则与技巧。

虽然我们不能肯定地说学会了答复就等于学会了谈判，但是可以肯定地说，不会回答，就等于不会谈判。在某种程度上，答比问更为重要。

在谈判中，应该遵循的答话原则有以下几种：

1. 回答问题之前，要给自己留有思考时间

在谈判中，提问者提出问题，请求对方回答，很自然地会给答话者带来一种压力，似乎非马上回答不可。面对对方的提问，谈判者应该给自己留一些思考的时间，搞清对方提问的真实意图，再决定自己的回答方式和范围，并预测在己方答复后对方的态度和反应，考虑周详之后再从容作答。

如仓促回答，很容易进入对方预先设下的圈套，或是暴露本方的意图而陷于被动。可以借鉴的经验是，在对方提出问题之后，你可以点支香烟或喝口茶水，或调整一下自己的坐姿，也可以挪动一下椅子，整理一下桌子上的资料文件，或翻一翻笔记本，借助这样一些很自然的动作来延缓时间，考虑一下对方提出的问题。对方看见你这些得体自然的举动，自然也就减轻和消除了上述那种心理。

2. 不要随便回答没有了解真正含义的问题

谈判者为了获取信息，占据主动，自然会利用提问来套取有利于他的信息，所以问话中往往深藏“杀机”，如果贸然作答，很可能会掉进陷阱。

因此，在不了解问话的真正含义之前，千万不要贸然回答，以免暴露己方的底细，把不该说的事情说出来。在谈判中，答话一方的任何一句话都近似于一句诺言，一经说出，在一般情况下很难收回，因此，对问题一定要考虑充分，字斟句酌，慎重回答。

3. 不要“全盘托出”，毫无保留地作答

在谈判中有时回答越明确、全面，就越是愚笨，回答的关键在于该说什么不该说什么。

有些问题不值得回答，有些问题只须局部回答，如果你老老实实地“全盘托出”，就难免暴露自己的底细，给已方造成被动。同时，当你“全盘托出”之后，对方不需要继续提问就获得了对他们有用的信息，这样就堵塞了对方向你继续反馈交流的通道。

一般情况下，当对方提出问题，或是想了解我方的观点、立场和态度，或是想确认某些事情时，你应视情况而定。

对于应该让对方了解，或者需要表明我方态度的问题要认真做出答复，而对于那些可能有损已方利益或无聊的问题，则不必做出回答。

总之，谈判者为了避免答复中的失误，可以自己将对方问话的范围缩小，或者对回答的前提加以修饰和说明，以缩小回答的范围。

4. 尽量减小对方追问的兴致和机会

在谈判过程中，提问者常常会采取连续提问的方式，环环相扣，步步进逼，使答话者陷于被动，落入他们圈套。因此，谈判者在进行答复时尽量不要留下尾巴，授人以柄，让对方抓住某点继续提问，而要尽量遏制对方的进攻，使其找不到继续追问的借口。

例如在答复中点明“我们考虑过，情况没有你说的那么严重”来降低问题的意义；或是表达“现在讨论这个问题还为时过早”，以时效性来抑制对方的追问等。

答话虽然受到问话的限制，在谈判中处于被动地位，但是一个优秀的谈判者可以通过巧妙的答话，变被动为主动，在谈判中抢占上风。